Pfannengerichte

Die besten Rezepte

Sonderausgabe

Abkürzungen im Rezeptteil

EL	Esslöffel	TL	Teelöffel
kg	Kilogramm	kcal	Kilokalorien
g	Gramm	kJ	Kilojoule
mg	Milligramm	EW	Eiweiß
l	Liter	F	Fett
ml	Milliliter	KH	Kohlenhydrate
cl	Zentiliter	Bd.	Bund
TK	Tiefkühl ...	Msp.	Messerspitze

Die Rezepte sind, soweit nicht anders angegeben, für 4 Personen.
Die Nährwert- und Energieangaben sind jeweils für 1 Stück bzw. 1 Person berechnet.

Layout: Axel Ganguin
Umschlaggestaltung: Inga Koch, Hartmut Baier

ISBN 978-3-8174-8349-5
2010 2011 2012 2013 2014 2015 10 9 8 7 6 5 4 3 2 1

Inhalt

Einleitung

Rezepte

»Nicht ohne meine Pfanne«

Eine Küche ist erst vollständig mit einer Pfanne, am besten gleich im Doppelpack! Die Pfanne gehört zu den ältesten Küchenutensilien. Ihr Name leitet sich aus dem lateinischen patina = Schüssel, Pfanne, ab.

Die Pfanne ist ideal für Gerichte, die beim raschen Braten häufig gewendet werden müssen. Der absolute Pfannenklassiker ist der Pfannkuchen, der bisweilen zum Wenden sogar elegant in die Luft geschleudert wird. Aber auch Bratkartoffeln, Spiegeleier und Frikadellen verdanken ihre Existenz der Pfanne. Pfannen eignen sich für zahlreiche Garmethoden. Als Hitzequelle stehen Elektroherd und Gasherd zur Verfügung, im Urlaub auch ein offenes Feuer oder die Grillglut.

Pfannengerichte sind ideal zur Resteverwertung, für die schnelle Küche ohne großen Aufwand, für den Singlehaushalt und alle, die Geschirr sparen möchten – im Notfall kann gleich aus der Pfanne gegessen werden!

Damit Sie beim nächsten Heißhunger nicht einfach »etwas in die Pfanne hauen«, finden Sie in diesem Buch zahlreiche Rezepte zum Nachkochen, die sich mit wenig Aufwand zubereiten lassen und kulinarische Abwechslung in den Küchenalltag bringen.

Pfannenarten

In jede Küche gehört als Grundausstattung ein Pfannenduo: eine unbeschichtete Pfanne und eine beschichtete Pfanne. Wer viel und gerne kocht, kann seine Grundausstattung durch Pfannen in verschiedener Größe und aus unterschiedlichem Material erweitern. Denn nicht jede Pfanne ist für jedes Gericht gleichermaßen geeignet. Für alle Pfannen gilt, dass der Boden möglichst eben (plan) sein sollte, damit die Hitze der Wärmequelle gut weitergeleitet wird. Der Pfannenrand sollte nicht zu steil sein, sondern schräg verlaufen, damit man das Gericht, z. B. Pfannkuchen, beim Wenden leicht herausgleiten lassen kann.

Unbeschichtete Pfannen
Unbeschichtete Pfannen verwendet man zum kurzen, scharfen Anbraten bei hoher Hitze, z. B. für Fleisch und Paniertes, wenn eine besonders knusprige Bräunung erwünscht ist. Der Handel bietet zahlreiche Modelle an.

Edelstahl-Pfannen
Die robusten Pfannen sind ideal zum scharfen Anbraten von Fleisch. Denn Edelstahl ist ein ausgezeichneter Wärmeleiter. Ausführungen mit dickem Thermik-Sandwichboden speichern die Hitze optimal und verteilen sie besonders gleichmäßig. Diese Pfannen eignen sich auch gut zum Garen im Backrohr. Man kann dabei zwischen Modellen mit einfachem Stiel, mit hochklappbarem Stiel oder mit zwei Griffen wählen.

Edelstahlpfanne

Da man in Edelstahlpfannen vergleichsweise viel Fett zum Braten benötigt, eignen sie sich besonders für Speisen, die anschließend in relativ viel Flüssigkeit geschmort werden.

Stahlemail-Pfannen
Sie sind ideal zum Braten und Schmoren von Fleisch, Fisch und Gemüse. Mit Edelstahlgriffen und Glasdeckel ausgestattet, eignen sich Stahlemail-Pfannen gleichermaßen für Herd und Ofen. Emaillierter Stahl ist allerdings kratzempfindlich, deshalb sollte man Kunststoff- oder Holzspatel zum Wenden bevorzugen.

Aluguss-Pfannen
Sie sind besonders leicht und dennoch stabil sowie gute Wärmeleiter. Es gibt Ausführungen mit hohem Rand zum Schmoren und eckige zum Grillen.

Ihr Nachteil: Sie sind ähnlich kratzempfindlich wie Stahlemail-Pfannen.

Eisen-Pfannen
Eisen-Pfannen mit Holz- oder Metallgriff sind Klassiker zum scharfen Anbraten von Fleisch und Bratkartoffeln. Sie sind robust und unempfindlich gegen Kratzer.

Gusseisen-Pfannen
Die relativ schweren Pfannen nehmen die Wärme vergleichsweise langsam auf, speichern sie dafür aber besonders lange und geben sie über Pfannenboden und -wände sehr gleichmäßig an das Gargut ab. Wegen der guten Wärmeübertragung eignen

Edelstahlpfanne mit Serviergriffen

Ovale Pfanne mit Serviergriffen

sich Gusseisen-Pfannen hervorragend zum Braten von Steaks, da rasch die gewünschte Kruste erzielt wird. Mit schweren Metallgriffen versehen, sind sie auch für das Schmoren im Ofen gut geeignet.

TIPP
Die verschiedenen Pfannen haben unterschiedliche Aufheizzeiten. Diese sind den Gebrauchsanweisungen zu entnehmen und sollten vor dem Kochen eingeplant werden!

Beschichtete Pfannen
Antihaftbeschichtete Pfannen werden in zwei Ausführungen angeboten. Die leichte Variante besteht aus gegossenem Aluminium, die schwere ist eine Gusspfanne.
Wer auf eine besonders harte, gegenüber Kratzspuren unempfindliche Beschichtung Wert legt, wählt eine mit Titan hartbeschichtete Aluguss-Pfanne. Das Material verträgt eine Erhitzung bis 230 Grad.
Beschichtete Pfannen sind ideal für das Braten ohne oder mit nur wenig Fett, d. h. für alle, die Kalorien sparen wollen! Durch die Beschichtung bleibt das Bratgut auch ohne Fettzugabe nicht am Pfannenboden haften. So kann bei schonenden Temperaturen gebraten werden – ideal für empfindliche Gerichte, wie Omelett, Rührei, Fisch- und Gemüsegerichte sowie für panierte Speisen, die möglichst wenig Fett aufsaugen sollen.

TIPP
Zum Wenden von Pfannkuchen, Kartoffelpuffern und Steaks in beschichteten Pfannen nur Holz- oder Kunststoffspatel verwenden.

Wok-Pfannen
Woks haben ihren Ursprung in der asiatischen Küche. Die tiefen Pfannen sind mit gewölbtem und geradem Boden erhältlich. Der Handel bietet unbeschichtete Wok-Pfannen aus Edelstahl, Gusseisen oder Stahlemail und Woks mit Antihaftbeschichtung an. Im Wok werden fein geschnittenes Gemüse, Fleisch und Fisch blitzschnell gebraten, gedünstet oder frittiert.

Grillpfanne mit Antihaft-Versiegelung

Wok und Wokpfanne aus Eisen

Pfannenzubehör

Pfannendeckel
Sie sind aus Metall und Glas erhältlich. Beim Kauf sollte man darauf achten, dass der Pfannendeckel dicht mit der Pfanne abschließt. Dann kann der Pfanneninhalt nach dem Anbraten im eigenen Saft schmoren oder dünsten. Pfannendeckel mit verschließbaren Lüftungsschlitzen können sofort aufgelegt werden.

Spritzschutz
Als Spritzschutz eignet sich ein Metallgitter oder ein Universaldeckel mit Dampföffnungen. Er wird beim scharfen Anbraten auf die Pfanne gelegt, um das Verspritzen von Bratfett in die Umgebung zu verhindern.

Pfannenwender
Pfannenwender sind schaufelartige Paletten mit durchbrochener Fläche zum Ablaufen des Bratfettes. Sie sind ideal zum Wenden und Lockern des Bratgutes. In beschichteten Pfannen, Stahlemail- und Aluguss-Pfannen sollen zur Vermeidung von Kratzspuren nur Pfannenwender aus hitzestabilem Kunststoff verwendet werden. Metallwender eignen sich für Metallpfannen.

Greifwender
Greifwender sind flache, schneebesenartige Zangen, zwischen die das Bratgut, z. B. größere Fleischstücke, zum Wenden geklemmt wird.

Holzspatel
Die breiten spachtelartigen Holzspatel sind preiswert und ideal zum Umrühren und Wenden in beschichteten Pfannen.

Beschichtete Bratpfanne

TIPP
Holzspatel von Hand spülen, sie sind nicht spülmaschinenfest.

Garmethoden in der Pfanne

Je nach Gericht und verwendeten Lebensmitteln werden verschiedene Garmethoden in der Pfanne angewendet. Da der Garprozess in der Pfanne relativ schnell verläuft, sollten Lebensmittel, die zerkleinert gegart werden, stets vorbereitet bereitstehen.

Braten
Braten, d. h. Garen in trockener Hitze, ist die wohl älteste Zubereitungsart und ideal für Fleischstücke. Denn beim Braten bildet sich auf der Fleischoberfläche eine appetitliche Kruste, die die Poren rasch verschließt und das Austreten von Fleischsaft verhindert. Somit gart das Fleisch im eigenen Saft und entwickelt

die begehrten Geschmacks- und Aromstoffe. Filetstücke, Schnitzel und Koteletts werden in heißem Fett bei starker Hitze unter Wenden kurz gebraten. Fisch, Eiergerichte, Gemüse und Kartoffeln werden bei mäßiger Hitze gebraten.

Edelstahlpfanne mit Wabenstruktur für gleichmäßige Fettverteilung

Rösten
Gehackte Nüsse und Samen wie Sesamsamen oder Sonnenblumenkerne, auch Getreideflocken, werden bei schwacher bis mittlerer Hitze trocken in der Pfanne geröstet, bis sie goldbraun sind und angenehm duften. Dabei muss das Röstgut häufig umgerührt werden.

Pfannenrühren/ Rührbraten
Besonders fein geschnittene Zutaten werden bei starker Hitze in heißem Fett unter beständigem Rühren bissfest gegart. Ein beliebtes und gesundes Garverfahren der chinesischen Küche!

Dünsten
In wenig Flüssigkeit unter Beigabe von etwas Fett werden Fisch, kleine zarte Fleischstücke, Gemüse und Pilze bei mittlerer Hitze gegart.

Kochen
Klein geschnittenes Gemüse, Kartoffeln sowie Getreide und Teigwaren werden in einer tiefen Pfanne in Wasser oder Brühe bei mittlerer bis schwacher Hitze gegart.

Das richtige Bratfett

Wird ein Fett zu hoch erhitzt, beginnt es zu rauchen und sich zu zersetzen, wodurch gesundheitsschädliche Stoffe entstehen. Deshalb ist die Wahl des geeigneten Bratfettes für die je nach Rezept erforderlichen Gartemperaturen besonders wichtig.

Pflanzenöle
Raffinierte Pflanzenöle sind von heller Farbe, geschmacksneutral und sehr hitzebeständig, weshalb sie sich sehr gut zum Braten eignen. Über den Rauchpunkt dürfen allerdings auch sie nicht erhitzt werden! Hochwertige kaltgepresste, aromatische Pflanzenöle wie Distelöl, Sonnenblumenöl, Maiskeimöl oder »Natives Olivenöl extra« sollten der Zubereitung von Salaten oder dem Dünsten bei mäßiger Hitze vorbehalten sein. Eine Ausnahme bildet Olivenöl der Qualitätsstufe »Natives Olivenöl«. Es darf bis auf 210 Grad erhitzt werden. Der Rauchpunkt von Olivenöl (die Temperatur, bei der das Öl zu rauchen beginnt) liegt je nach Säuregrad des Öles bei 210 bis 230 Grad. Allerdings sollte der Rauchpunkt eines Öles beim Braten niemals erreicht werden. Zum asiatischen Rührbraten eignen sich Sojaöl und Erdnussöl.

Pflanzenfette
Streichfähige oder feste Pflanzenfette werden aus pflanzlichen Ölen, z. T. unter Zusatz von tierischen Fetten durch künstliche Härtung hergestellt. Ihr Vorteil: Sie sind geschmacksneutral und hoch erhitzbar, deshalb vorzüglich zum Braten und Frittieren

geeignet. Plattenfette, die aus Kokos-, Erdnuss- oder Palmkernfett bestehen, sind ideal für Brat- oder Frittiergut, das besonders schnell braun und knusprig werden soll. Diese Fette sind über 200 Grad erhitzbar.

Butterschmalz
Butterschmalz ist reines, hoch erhitzbares Butterfett, ideal für alles Kurzgebratene. Auch bei Brattemperaturen von über 200 Grad verbrennt und spritzt es nicht. Es verleiht dem Bratgut einen feinen Buttergeschmack.

Butter
Butter enthält neben Butterfett 16 % Wasser, Milcheiweiß und Salz. Sie kann zum Braten bei mäßiger Hitze verwendet werden, nicht jedoch zum kräftigen Anbraten bei Temperaturen über 110 Grad. Sonst verbrennt sie und bildet gesundheitsschädliche Stoffe.

Schweine- und Gänseschmalz
Beide Schmalzsorten eignen sich für deftige Gerichte und können bis ca. 160 Grad erhitzt werden. Ihr Vorteil: Sie sind extrem lange haltbar, im Steinguttopf aufbewahrt, sogar 1–2 Jahre!

Ist Braten gesund?

Braten ist eine gesunde Garmethode, bei Wahl der richtigen Bratfette und Einhaltung der optimalen Temperaturen. Ein wesentlicher Vorzug gebratener Lebensmittel ist, dass keine wasserlöslichen Vitamine und Mineralstoffe ausgelaugt werden.
Beim Braten (auch beim Grillen und Backen) entsteht der so genannte Röstbitter, ein brauner Stoff, der den Geschmack tierischer und pflanzlicher Lebensmittel verbessert und dadurch den Appetit anregt und die Verdauung verbessert. Die gesundheitlichen Vorzüge liegen jedoch im rechten Maß der Bräunungsreaktion.
Bei stärkereichen pflanzlichen Nahrungsmitteln ist beim Braten Vorsicht geboten. Kartoffeln, Nudeln, Reis oder Mais sollten so sanft wie möglich gebraten werden und besser goldbraun statt knusprig braun sein! Denn bei Temperaturen über 175 Grad entstehen große Mengen des gesundheitsgefährdenden Acrylamids.
Bratfette sollten niemals über den Rauchpunkt erhitzt werden, da durch die dann einsetzende Fettzersetzung ebenfalls gesundheitsgefährdende Stoffe entstehen.

Tipps rund um das Pfannengaren

Die Pfanne zum Braten stets vorheizen. Öl oder Fett in der Pfanne verteilen und warten, bis es

Wok mit Antihaft-Beschichtung

Schlieren zieht. Man kann zur Probe einen Holzstiel in das Fett halten: Bilden sich Bläschen, dann hat das Fett die nötige Temperatur erreicht.
Größere Zutatenmengen stets portionsweise braten. Ist die Pfanne zu voll, tritt Saft aus den Lebensmitteln aus, und der Garvorgang wird zum Dünsten. Die Folge ist, Fleisch oder Gemüse werden nicht mehr wunschgemäß knusprig.
Pfannengerichte aus bzw. mit Eiern wie Spiegeleier, Omeletts, Pfannkuchen nur bei mäßiger Hitze garen. Sonst werden die Eier hart und ledrig. Das ideale Bratfett für Eiergerichte ist Butter oder Margarine.
Fleischstücke zum Schnetzeln immer quer zur Muskelfaser schneiden. Dadurch schrumpft es beim Braten weniger zusammen und bleibt zart.
In der Pfanne verbliebener Fleischsaft ist die ideale Grundlage für eine Sauce. Der Bratensatz wird mit etwas Flüssigkeit (Brühe, Wein, Wasser) aufgegossen und unter vorsichtigem Schaben vom Boden gelöst. Dann mit einem Schuss Sahne verfeinern und bei mäßiger Hitze auf die gewünschte Konsistenz einköcheln lassen und abschmecken.
Zum Braten von Steaks, Schnitzeln, Hähnchenkeulen und Fischfilets muss das Fett sehr heiß sein, damit sich die Poren schnell schließen und sich eine zarte goldbraune Kruste bildet. Diese verhindert, dass Fleischsaft austritt. Das geeignete Bratfett dazu ist Butterschmalz oder raffiniertes Pflanzenöl. Das Fett ist heiß genug, wenn es zischt. Zur Probe kann man vorsichtig ein paar Wassertropfen zugeben.
Während des Bratens Würste, Fischstäbchen, Fischfilets, Puffer oder Pfannkuchen nur einmal wenden, damit vermeidet man das Zerfallen.
Zum Rührbraten, ob in einer Pfanne mit hohem Rand oder im Wok, muss die Pfanne richtig heiß sein, bevor das Gemüse hineinkommt. Nur so wird das Gemüse knackig und nicht weich.

Kleine Pfannenpflege

Unbeschichtete Pfannen niemals mit Spülmittel reinigen! Spülmittelrückstände verursachen trotz Zugabe von ausreichend Bratfett das Festkleben von Filets, Pfannkuchen, Spiegeleiern und Co. Deshalb die Pfanne nach dem Braten sofort mit Wasser ablöschen und mit Küchenpapier gründlich auswischen sowie trocknen.
Eisenpfannen nach dem Waschen gründlich trocknen und mit etwas Öl einreiben.
Bei starker Verkrustung am Pfannenboden etwas Wasser einfüllen, zum Kochen bringen und die Pfanne bei abgeschalteter Hitze ca. 30 Minuten am Herd stehen lassen. Dann wie gewohnt säubern.

Nichts brät an oder bleibt haften in einer antihaftbeschichteten Pfanne.

Fleisch, Geflügel und Innereien

Rindfleischpfanne mit Gemüse (Abb. S. 11)

Zutaten
400 g mageres Rindfleisch
4 EL Sojasauce
8 EL Öl
1 gestr. EL Stärke
1 TL Zucker
Salz
Pfeffer
1 Bd. Frühlingszwiebeln
1 Stange Lauch
100 g Champignons
2 Möhren
1 rote Paprikaschote
1 grüne Paprikaschote
100 g Erbsen
150 g Sojasprossen (frisch oder aus dem Glas)
250 g Langkornreis
1 Chilischote
Ingwerpulver
Koriander

Zubereitung

1 Fleisch kalt abbrausen, trockentupfen und in dünne, mundgerechte Scheiben schneiden.

2 Sojasauce mit gleicher Menge Öl und Stärke verrühren, mit Zucker, Salz und Pfeffer würzen und die Fleischscheiben darin 30 Minuten marinieren.

3 Inzwischen Gemüse putzen und waschen, Sojasprossen abtropfen lassen und Reis nach Packungsangabe zubereiten.

4 Frühlingszwiebeln in Ringe, Lauch in breite Streifen, Champignons in Scheiben, Möhren in Stifte schneiden. Paprikaschoten vierteln, Kerne entfernen und Schoten in Stücke schneiden.

5 Chilischote halbieren, Kerne entfernen und Schoten fein hacken.

6 Fleisch aus der Marinade nehmen, abtropfen lassen und in einer Pfanne im heißen Öl kräftig anbraten. Herausnehmen und warm stellen.

7 Die Marinade in die Pfanne gießen, zum Kochen bringen, Gemüse zugeben und alles 6–7 Minuten garen. Fleisch zugeben und nochmals einige Minuten miterhitzen. Nachwürzen und mit Ingwer und Koriander pikant abschmecken.

8 Reis als Beilage reichen.

EW	F	KH	kcal/kJ
34 g	23 g	60 g	597/2498

Leberragout

Zutaten
320 g Kalbsleber
100 g Zwiebeln
Zitronensaft
100 g Sellerie
200 g Möhren
2 TL Butter
1 TL Brühe (Instant)
2 TL Mehl
Salz
Pfeffer
2 TL Kondensmilch

Zubereitung

1 Leber grob und Zwiebeln fein würfeln. Leber mit Zitronensaft beträufeln.

2 Sellerie und Möhren putzen, raspeln und in heißer Butter ca. 5 Minuten dünsten, Leber hinzufügen und weitere 6 Minuten garen. 1/2 l Wasser zugießen und Instantbrühe einstreuen.

3 Sauce mit Mehl binden, einköcheln lassen, würzen und mit Kondensmilch verfeinern.

EW	F	KH	kcal/kJ
34 g	11 g	19 g	340/1440

Indisches Lammkotelett

Zutaten
Sonnenblumenöl
8 Lammkoteletts
250 g Zwiebeln
1 TL Currypulver
10 g Sahne
2 EL Erdnusscreme
250 g Aprikosen (Dose)
1/2 TL Chilipulver
1 TL Zimtpulver
1 Msp. Ingwerpulver
150 g Jogurt

Zubereitung

1 1 EL Öl erhitzen, Lammkoteletts darin braten, aus der Pfanne nehmen und warm stellen.

2 Zwiebeln schälen, in Scheiben schneiden, zum Bratfett geben und glasig braten. Currypulver zu den Zwiebeln geben, etwas Wasser hinzufügen, kurz aufkochen lassen, gelegentlich umrühren. Sahne und Erdnusscreme unterrühren.

3 Aprikosen abtropfen lassen, Früchte halbieren und in die Sauce geben, heiß werden lassen.

4 Mit Chili-, Zimt- und Ingwerpulver abschmecken.

5 Jogurt unterrühren und Sauce zu den Lammkoteletts servieren.

EW	F	KH	kcal/kJ
42 g	28 g	22 g	525/2205

TIPP

Noch pikanter schmeckt dieses Gericht mit frisch geriebenem Ingwer gewürzt. Die Herkunftsländer von Ingwer sind Indien und China. Das Gewürz wird bei uns in 5–10 cm langen Stücken, geschält oder ungeschält, aber auch in Scheiben angeboten. Außerdem kann man ihn gemahlen oder geschrotet kaufen. Ingwer hat ein charakteristisches Aroma, in höherer Dosierung ist er brennend scharf. Ingwer ist sehr gesund und wirkt gegen Verdauungsstörungen.

Rindfleisch mit Gemüse

Zutaten
600 g Rinderfilet
Zitronenpfeffer
400 g kleine Kartoffeln
3 Zucchini
2 Stangen junger Lauch
200 g Schalotten
40 g Butterschmalz
Salz
100 g Maiskörner, gekocht
1/8 l Gemüsebrühe (Instant)
150 g saure Sahne
2 EL Schnittlauchröllchen
2 EL Kerbelblättchen
Pfeffer
1 TL Zitronensaft

TIPP
Die Vielfalt bei Kartoffeln ist sehr groß; bekannt sind ca. 130 verschiedene Kartoffelsorten. Die wesentlichen Unterscheidungsmerkmale sind Kocheigenschaft und Reifezeitpunkt. Verwenden Sie für Salzkartoffeln möglichst mäßig fest kochende bis mehlige Sorten. In der modernen Küche werden Kartoffeln nicht mehr zerkocht, sondern wie auch Gemüse »al dente« serviert.

Zubereitung

1 Rinderfilet enthäuten, pfeffern.

2 Kartoffeln schälen. Zucchini waschen, in ovale Stücke schneiden. Lauch putzen, waschen, mit schrägen Schnitten in Scheiben schneiden. Die Schalotten schälen.

3 Kartoffeln bissfest kochen.

4 Rinderfilet im Butterschmalz von allen Seiten anbraten. Salzen und ca. 8 Minuten auf kleiner Flamme braten.

5 Schalotten, Lauch, Mais und Zucchini dazugeben und kurz mitbraten. Filet aus der Pfanne nehmen und warm stellen.

6 Gemüse mit Brühe ablöschen und bissfest dämpfen.

7 Inzwischen saure Sahne mit Kräutern, Pfeffer, Salz und Zitronensaft verrühren; zum Filet servieren.

EW	F	KH	kcal/kJ
34 g	21 g	34 g	486/2040

Kalbsmedaillons mit Spargel

Zutaten
4 Kalbsmedaillons (à 180 g)
Pfeffer
100 g dünne Scheiben Frühstücksspeck
Salz, 2 EL Öl
1 Packung Sauce hollandaise (Fertigprodukt)
30 g grüne Pfefferkörner (Glas)
2 EL Estragonblätter
500 g Spargel grün und weiß, geschält
2 EL Olivenöl

Zubereitung

1 Medaillons mit Pfeffer kräftig würzen, mit Speck umwickeln. In einer heißen Pfanne mit Öl bei mittlerer Hitze ca. 5 Minuten langsam auf allen Seiten braten. Nach Belieben etwas salzen. Dann in Alufolie wickeln und warm stellen.

2 Inzwischen Sauce hollandaise nach Packungsanweisung zubereiten und erwärmen. Anschließend kurz aufkochen, gut durchrühren und mit Pfeffer und Estragonblättchen abschmecken.

3 Spargel in schräge Stücke schneiden und in einer heißen Pfanne mit Öl rundherum knusprig braten. Mit Salz und Pfeffer abschmecken und mit der Sauce und den Medaillons servieren.

EW	F	KH	kcal/kJ
41 g	44 g	8 g	582/2444

TIPP
Schmeckt auch sehr gut, wenn Sie statt der Kalbsmedaillons Schweinefilet verwenden.

Lammsteaks

Zutaten
4 Lammsteaks (von der Keule, je 150 g)
4 EL Öl
Salz
Pfeffer aus der Mühle
Thymian
Zitronensaft
4 Gewürzgurken
1 Bd. Frühlingszwiebeln
Kräutersalz
4 Eier, gekocht

Zubereitung

1 Lammsteaks leicht klopfen, mit 2 EL Öl bepinseln und von beiden Seiten salzen, pfeffern und mit Thymian bestäuben. Etwas Zitronensaft darüber träufeln und 2–3 Stunden ziehen lassen.

2 In restlichem Öl von beiden Seiten knusprig braten, nochmals leicht salzen und pfeffern. Im Ofen warm stellen.

3 Gewürzgurken in Streifen schneiden. Frühlingszwiebeln in Scheiben, das Grün in Ringe schneiden. Beides im Bratenfett etwas schmoren lassen, mit Kräutersalz abschmecken. Eier hacken und zugeben.

EW	F	KH	kcal/kJ
34 g	42 g	7 g	573/2400

Geflügel-Paprika-Pfanne

Zutaten
375 g rote, gelbe und grüne Paprikaschoten
1/2 rote Chilischote
2 EL Olivenöl
150 ml Hühnerbrühe (Instant)
3 Tassen Mungobohnensprossen
1/2 Tasse Bockshornkleesprossen
etwas Salz
weißer Pfeffer
225 g Hühnerbrustfilet
1 TL Currypulver
kaltgepresstes Olivenöl und Zitronensaft zum Beträufeln

Zubereitung

1 Paprikaschoten und Chilischote putzen, waschen und dann in feine Streifen schneiden.

2 1 EL Olivenöl erhitzen, Paprika und Chili darin anbraten, 100 ml Brühe angießen, 5 Minuten garen.

3 Mungobohnensprossen zugeben, weitere 5 Minuten garen. Bei Bedarf etwas Brühe nachgießen. Bockshornkleesprossen zugeben, salzen und pfeffern. Vom Herd nehmen.

4 Hühnerbrust waschen, trockentupfen und in schmale Streifen schneiden. Restliches Olivenöl in einer zweiten Pfanne erhitzen, Fleischstreifen darin von allen Seiten kräftig anbraten, mit Currypulver bestäuben, etwas Brühe zugießen, kurz köcheln lassen.

5 Fleisch unter das Gemüse mengen. Mit Salz und Pfeffer abschmecken, mit Olivenöl und Zitronensaft beträufeln.

EW	F	KH	kcal/kJ
42 g	23 g	39 g	535/2247

Bratwurst Wilhelm Tell

Zutaten
1 EL Sonnenblumenöl
4 Bratwürste
1 Apfel
1 Zwiebel
1/8 l Malzbier
1 Würfel Bratensaft

Zubereitung

1 In einer Pfanne Öl heiß werden lassen und Bratwürste darin von allen Seiten anbraten.

2 Apfel waschen, schälen, Kerngehäuse entfernen und in Würfel schneiden.

3 Zwiebel schälen, in Würfel schneiden. Beides zu den Bratwürsten geben und mitbraten.

4 1/8 l Wasser und Malzbier dazugießen und zum Kochen bringen. Würfel Bratensaft darin auflösen, aufkochen und über die angerichteten Bratwürste geben.

EW	F	KH	kcal/kJ
42 g	23 g	39 g	535/2247

Gebratene Rindfleisch-spießchen mit Zitronen-Jogurt-Schaum

Zutaten
600 g Rinderhüfte (ohne Knochen)
2 Bd. Frühlingszwiebeln
300 g Maiskölbchen
Salz
Pfeffer
60 g Butterschmalz
500 g Jogurt
2–3 Stiele Dill
Saft von 1 Zitrone

Zubereitung

1 Rinderhüfte mit einem Messer von Haut und Sehnen befreien und in 3 cm große Würfel schneiden.

2 Frühlingszwiebeln waschen und nur das feste untere Drittel in Stücke schneiden. Die Maiskölbchen je nach Größe halbieren.

3 Rindfleisch abwechselnd mit Frühlingszwiebeln und Mais so auf Holz- oder Metallspieße stecken, dass nur 2/3 des Spießes belegt sind. Von allen Seiten mit Salz und Pfeffer würzen und in einer Pfanne in heißem Butterschmalz 4–5 Minuten braten.

4 Dill waschen, trockentupfen und die Blättchen abzupfen.

5 Jogurt und Dill in einen Mixer geben, mit Salz, Pfeffer und Zitronensaft würzen und schaumig mixen. Jogurt-Dip zu den Spießen servieren.

6 Zur Dekoration etwas Dill und weißen Pfeffer auf den Dip geben.

EW	F	KH	kcal/kJ
20 g	17 g	29 g	350/1472

TIPP
Für einen exotischen Geschmack kann man die Spieße in Sesam oder in geraspelter Kokosnuss wenden.

Gefüllte Schweinekoteletts mit Pilzen

Zutaten
1 Brötchen vom Vortag
50 g Salamiwürfel
4 EL Butterschmalz
1 kleine Zwiebel, geschält, fein gehackt
500 g Champignons
1 Eigelb
Salz
schwarzer Pfeffer
1 Bd. glatte Petersilie, gewaschen, fein gehackt
4 dicke Schweinekoteletts (à 200 g)
2 EL halbtrockener Sherry
125 g Sahne
1/2 TL Zitronensaft
gedünstete Bohnen als Beilage

Zubereitung

1 Brötchen in kaltem Wasser einweichen.

2 Salami in 1 EL Butterschmalz knusprig anbraten.

3 Zwiebel dazugeben, weich dünsten.

4 Champignons putzen, die Hälfte davon hacken. In die Pfanne geben und so lange dünsten, bis fast alle Flüssigkeit verdampft ist. Etwas abgekühlt alles mit gut ausgedrücktem Brötchen mischen. Eigelb hinzufügen, Masse mit Salz und Pfeffer kräftig würzen. 5 Minuten quellen lassen.

5 Hälfte der Petersilie unter die Füllung mischen, Rest beiseite stellen.

6 In Schweinekoteletts Taschen schneiden und Füllung darin verteilen. Mit Küchengarn zunähen und in 2 EL Butterschmalz auf jeder Seite, je nach Dicke, 3–4 Minuten braten. Salzen und pfeffern, warm stellen.

7 Restliche Pilze blättrig schneiden, im übrigen Butterschmalz kräftig anbraten, mit Sherry ablöschen, einkochen lassen. Sahne dazugießen und aufkochen. Mit Salz, Pfeffer und Zitronensaft abschmecken.

8 Gefüllte Koteletts anrichten und mit Petersilie bestreuen. Als Beilage Bohnen servieren.

EW	F	KH	kcal/kJ
52 g	36 g	9 g	567/2381

Jägerschnitzel

Zubereitung

1 Schweineschnitzel waschen und mit Küchenpapier trockentupfen. Mit Salz, Pfeffer, Paprikapulver, Majoran, Kümmel, Knoblauchpulver und Rosmarin nach Geschmack würzen.

2 In einer Pfanne Sonneblumenöl heiß werden lassen, Schnitzel von beiden Seiten jeweils 5 Minuten braten und warm stellen.

3 Champignons abtropfen lassen, zum Bratenfett geben und heiß werden lassen. 1/8 l Wasser und Rotwein dazugießen, Beutel Jäger-Sauce einrühren. Unter Rühren aufkochen und bei geringer Wärmezufuhr zugedeckt 10 Minuten kochen. Dabei gelegentlich umrühren.

4 Petersilie waschen, von den Stängeln zupfen, trockentupfen und fein hacken.

5 Saure Sahne und Petersilie unter die Sauce rühren und auf den Schweineschnitzeln verteilen.

6 Mit Salzkartoffeln oder Reis servieren.

EW	F	KH	kcal/kJ
36 g	12 g	4 g	295/1235

Zutaten

4 Schweineschnitzel (à 100 g)
Salz
Pfeffer
Paprikapulver
Majoran
Kümmel
Knoblauchpulver
Rosmarin
2 EL Sonnenblumenöl
1 Dose Champignons (210 ml)
1/8 l Rotwein
1 Beutel Jäger-Sauce (Fertigprodukt)
2 EL Petersilie, gehackt
30 g saure Sahne (10 % Fett)
Salzkartoffeln oder Reis als Beilage

Wiener Schnitzel mit Bratkartoffeln

Zutaten
750 g fest kochende Kartoffeln
6 EL Speiseöl
Salz
4 Kalbsschnitzel (à 150 g)
Pfeffer
1 TL Majoran
Paprikapulver
1 Prise Kümmel
30 g Mehl
2 Eier
60 g Paniermehl
2 EL Sonnenblumenöl
20 g Butter
1 Zitrone (unbehandelt)

Zubereitung

1 Kartoffeln schälen und vierteln. In heißem Öl goldbraun anbraten, salzen. Zugedeckt bei schwacher Hitze 20 Minuten braten, gelegentlich wenden.

2 Kalbsschnitzel waschen, trockentupfen und würzen. Schnitzel durch die verquirlten Eier ziehen und in Paniermehl wenden.

3 Sonnenblumenöl in einer Pfanne heiß werden lassen und die Schnitzel darin von jeder Seite ca. 5 Minuten braten.

4 Butter in die Pfanne geben und Schnitzel darin wenden.

5 Zitrone heiß waschen, in Spalten schneiden und Schnitzel damit garnieren.

6 Zum Schnitzel Bratkartoffeln servieren.

EW	F	KH	kcal/kJ
39 g	25 g	44 g	575/2414

Schweinefilet mit Aprikosen

Zubereitung

1 Erbsen nach Packungsanweisung zubereiten.

2 Schweinefilet waschen, trockentupfen und in dünne Streifen schneiden. Aprikosen abtropfen lassen, Saft auffangen und Aprikosenhälften durchschneiden.

3 Frühlingszwiebeln putzen, waschen und in schräge Ringe schneiden. Reis nach Packungsanweisung in Salzwasser garen, Erbsen und Butter kurz vor Ende der Garzeit unter den Reis rühren.

4 In der Zwischenzeit Öl erhitzen, Fleisch darin kurz anbraten, herausnehmen, salzen und pfeffern.

5 Currypulver und Zwiebelringe im Bratenfond andünsten, Brühe und Aprikosensaft angießen, mit Sojasauce, Salz, Pfeffer und Zucker würzen, aufkochen lassen, mit Saucenbindemittel verrühren. Fleisch und Aprikosen zugeben.

6 Mit Reis auf Tellern anrichten und nach Wunsch mit Basilikum garniert servieren.

EW	F	KH	kcal/kJ
37 g	29 g	81 g	751/3155

Zutaten

100 g Erbsen
600 g Schweinefilet
1 kleine Dose Aprikosen (425 g)
3 Frühlingszwiebeln
250 g Langkornreis
Salz
1 EL Butter
4 EL Speiseöl
Pfeffer
1–2 TL Currypulver
1/4 l Hühnerbrühe (Instant)
2–3 EL Sojasauce
Zucker
2–3 EL helles Saucenbindemittel
Basilikum nach Wunsch

Saure Nieren

Zutaten
750 g Schweinenieren
1/2 l Milch
40 g Schweineschmalz
30 g Mehl
3/8 l heiße Fleischbrühe (Instant)
Salz, Pfeffer
1 TL Zucker
4 EL Essig
50 g geräucherter Speck
2 Zwiebeln, geschält, in dünne Ringe geschnitten

TIPP
Als Beilage Kartoffelbrei reichen.

Zubereitung

1 Nieren längs aufschneiden, Röhren entfernen. Nieren gründlich waschen, mit Milch übergießen, 30 Minuten stehen lassen, herausnehmen, in dünne Scheiben schneiden.

2 Schweineschmalz erhitzen, Nieren darin in 5 Minuten anbraten, mit Mehl bestäuben, rösten bis das Mehl braun ist.

3 Mit Fleischbrühe ablöschen, zugedeckt 8 Minuten kochen lassen. Mit Salz, Pfeffer, Zucker und Essig pikant abschmecken.

4 Nieren in eine vorgewärmte Schüssel füllen, warm stellen.

5 Speck fein würfeln, knusprig braun braten. Zwiebeln im heißen Speck unter Rühren goldbraun braten. Speck und Zwiebeln über die Nieren geben.

EW	F	KH	kcal/kJ
32 g	19 g	10 g	334/1398

Cordon bleu

Zutaten
4 Kalbsschnitzel (à 150 g) mit eingeschnittener Tasche (vom Metzger machen lassen)
Salz, Pfeffer
1 EL Majoran
1 EL Paprikapulver, edelsüß
4 Scheiben Gouda
4 Scheiben gekochter Schinken
2 Eier
60 g Paniermehl
3 EL Öl

TIPP
Als Beilage Pommes frites oder knusprige Bratkartoffeln reichen. Ein frischer Salat rundet das Ganze ab.

Zubereitung

1 Kalbsschnitzel waschen, trockentupfen und würzen.

2 Gouda und Schinken in die Taschen verteilen und mit Zahnstochern feststecken.

3 Eier verquirlen, Schnitzel durch die Eimasse ziehen und in Paniermehl wenden.

4 Öl in einer Pfanne heiß werden lassen.

5 Cordon bleus bei mittlerer Hitze von jeder Seite ca. 6 Minuten braten.

EW	F	KH	kcal/kJ
55 g	48 g	70 g	970/4074

Schweinekoteletts mit Bratkartoffeln

Zutaten
500 g fest kochende Kartoffeln
1 Zwiebel, geschält, in Würfel geschnitten
2 EL Bratfett
Salz
Pfeffer
Kümmel
4 Schweinekoteletts (à 150 g)
40 g Mehl
2 Eier
100 g Paniermehl
4 EL Sonnenblumenöl
1 Zitrone (unbehandelt)

Zubereitung

1 Kartoffeln waschen und ca. 15 Minuten dämpfen, schälen und in Scheiben schneiden.

2 Fett in einer Pfanne erhitzen, Zwiebelwürfel leicht anrösten, Kartoffelscheiben dazugeben und goldgelb rösten. Kurz vor Ende der Garzeit mit den Gewürzen kräftig abschmecken.

3 Schweinekoteletts waschen und trockentupfen. Mit Salz und Pfeffer würzen. Koteletts in Mehl wenden.

4 Eier verquirlen, Koteletts durch die Eimasse ziehen und in Paniermehl wenden.

5 Sonnenblumenöl in einer Pfanne heiß werden lassen.

6 Koteletts bei geringer Wärmezufuhr von beiden Seiten jeweils 10 Minuten braten.

7 Schweinekoteletts zusammen mit Bratkartoffeln auf Tellern anrichten.

8 Zitrone heiß waschen, in Spalten schneiden und zu den Koteletts reichen.

EW	F	KH	kcal/kJ
37 g	31 g	43 g	620/2605

Geschnetzeltes Züricher Art

Zutaten
2 EL Öl
350 g Kalbfleisch
Salz
Pfeffer
200 g Champignons
70 g Butter
1 Beutel Fix für Geschnetzeltes Züricher Art (Fertigprodukt)

TIPP
Kalbfleisch stammt von Rindern im Alter von bis zu 3 Monaten. Es zeichnet sich durch feinen Geschmack und zarte Struktur aus.

Zubereitung

1 Öl in einer großen Pfanne erhitzen. Kalbfleisch waschen, trockentupfen und in Streifen schneiden, kurz anbraten, salzen, pfeffern und herausnehmen.

2 Champignons putzen und in Scheiben schneiden.

3 20 g Butter in die Pfanne geben, Champignons zufügen und andünsten. 1/4 l Wasser zugießen, Beutel Fix für Geschnetzeltes einrühren, zum Kochen bringen und 1 Minute kochen lassen. Fleisch zugeben und heiß werden lassen.

4 30 g Butter in einer Stielpfanne erhitzen, Kartoffeln salzen, anrösten, zusammenschieben und andrücken. Zugedeckt bei schwacher Hitze Unterseite des Rösti goldgelb braten, auf einen Teller stürzen.

5 Restliche Butter erhitzen und Rösti von zweiter Seite braten. Zerteilen und zum Geschnetzelten servieren.

EW	F	KH	kcal/kJ
20 g	23 g	28 g	409/1717

Hühnerfrikassee (3 Portionen)

Zutaten
300 g Hühnerbrustfilet
1 EL Sonnenblumenöl
200 g Champignons
1 Beutel Rahm-Geschnetzeltes (Fertigprodukt)
40 g Sahne
Zitronensaft

Zubereitung

1 Hähnchenbrustfilets waschen, trockentupfen und in mundgerechte Würfel schneiden.

2 In einer Pfanne Öl heiß werden lassen, Fleisch darin von allen Seiten anbraten und herausnehmen.

3 Champignons putzen, in Scheiben schneiden und im Bratfett 5 Minuten dünsten. 1/4 l Wasser zugießen. Beutel Rahm-Geschnetzeltes einrühren, zum Kochen bringen.

4 Fleisch zufügen und 10 Minuten kochen. Sahne unterrühren, mit Zitronensaft würzen und abschmecken.

EW	F	KH	kcal/kJ
26 g	14 g	5 g	245/1025

TIPP
Servieren Sie als Beilage gekochten Reis mit Erbsen.

Fleischspieße

Zutaten
300 g Schweineschnitzel
je 1 rote, gelbe und grüne Paprikaschote
2 Zwiebeln
Salz
Pfeffer
Paprikapulver
Majoran
Kümmel
Knoblauchpulver
Rosmarin
2 EL Sonnenblumenöl
1 Päckchen Rahmsauce (Fertigprodukt)

TIPP
Servieren Sie zu den Fleischspießen körnig gekochten Reis.

Zubereitung

1 Schweineschnitzel waschen, trockentupfen und in Würfel schneiden.

2 Paprikaschoten waschen, Kerne und weiße Innenhäute entfernen und in große Würfel schneiden.

3 Zwiebeln schälen und in Stücke schneiden.

4 Fleisch, Paprika und Zwiebeln abwechselnd auf 6 Spieße stecken, mit Salz, Pfeffer, Paprikapulver, Majoran, Kümmel, Knoblauchpulver und Rosmarin nach Geschmack würzen.

5 In einer Pfanne Öl heiß werden lassen und die Spieße darin ca. 20 Minuten braten. Spieße anschließend aus der Pfanne nehmen und warm stellen.

6 1/4 l Wasser in die Pfanne gießen und das Päckchen Rahmsauce einrühren. Unter Rühren aufkochen.

7 Fleischspieße und Sauce auf Tellern anrichten.

EW	F	KH	kcal/kJ
26 g	15 g	11 g	284/1190

Putenschnitzel mit Blutorangen-Hollandaise

Zutaten
250 g Butter
3 Eigelb
4 EL Weißwein
Saft von 1 Blutorange
Zucker
Salz
weißer Pfeffer
20 g Butterschmalz
4 Putenschnitzel
(à 150–180 g)
1 Bd. Estragon

Zubereitung

1 Butter in einem Topf bei mittlerer Hitze schmelzen und kurz aufkochen, so dass kleine Blasen entstehen.

2 Ca. 1 l Wasser in einem Topf zum Kochen bringen.

3 Eigelb und Weißwein in eine Metallschüssel geben und mit einem Schneebesen verrühren. Eiermasse über dem Wasserdampf mit einem Schneebesen oder Rührgerät 2–3 Minuten schaumig aufschlagen. Die Schüssel aus dem Dampf nehmen und die warme, flüssige Butter tröpfchenweise unterrühren. Blutorangensaft ebenfalls langsam unterrühren und zum Schluss mit 1 Prise Salz, Zucker und Pfeffer abschmecken.

4 Butterschmalz in einer Pfanne erhitzen.

5 Putenschnitzel waschen, mit Küchenpapier trockentupfen, mit Salz und Pfeffer würzen und ca. 3 Minuten von jeder Seite braten. Anschließend Putenschnitzel und Blutorangen-Hollandaise auf vorgewärmten Tellern anrichten.

6 Estragon waschen, trockentupfen, Blättchen abzupfen und das Gericht damit dekorieren.

EW	F	KH	kcal/kJ
4 g	1 g	58 g	260/1090

TIPP
Servieren Sie dazu Pellkartoffeln.

Hähnchen mit Gemüse »Ginza«

Zutaten
6 getrocknete Shiitakepilze
2 Hühnerbrüstchen ohne Haut und Knochen
6 EL Sojasauce
2 EL trockener Sherry
5 Blätter Chinakohl
250 g Zuckerschoten
1 Stange Staudensellerie
50 g Bambussprossen
6 Kirschtomaten
1 Stück frische Ingwerwurzel
1 Knoblauchzehe
2 TL Speisestärke
2 EL Sake oder trockener Sherry
2 EL Erdnussöl
200 ml Hühnerbrühe (Instant)
Pfeffer
1 Prise Zucker

TIPP
Servieren Sie dieses pikante Gemüse mit zart duftendem Basmatireis aus Indien oder thailändischem Duftreis.

Zubereitung

1 Pilze in kaltem Wasser einweichen.

2 Hühnerbrüstchen in 1 cm große Würfel schneiden und in eine Marinade aus 3 EL Sojasauce und Sherry geben, dann 2 Stunden ziehen lassen.

3 Chinakohl in kleine Stücke schneiden, Rippen entfernen. Zuckerschoten waschen, große halbieren. Staudensellerie und Bambussprossen in kleine Stücke schneiden. Kirschtomaten halbieren. Ingwerwurzel reiben und Knoblauch fein hacken.

4 Speisestärke mit 1 EL Sake oder Sherry verrühren.

5 1 EL Öl in den Wok geben und erhitzen. Ingwerwurzel und Knoblauch hinzufügen und umrühren. Chinakohl, abgetropfte Pilze und Staudensellerie dazugeben und 2 Minuten unter ständigem Rühren dünsten. 4–5 EL Hühnerbrühe zugießen und weiterdünsten. Das Gemüse soll knackig bleiben.

6 Aus dem Wok nehmen und restliches Öl erhitzen, Fleischstücke hineingeben. Ca. 1 Minute dünsten, mit restlichem Sake bzw. Sherry beträufeln. Gemüse, Zuckerschoten und Kirschtomaten kurz miterhitzen.

7 Angerührte Speisestärke hinzugeben, durchrühren, bis die Flüssigkeit bindet. Hühnerbrühe zugeben, bis die Sauce flüssiger und klar wird. Mit restlicher Sojasauce, Pfeffer und Zucker abschmecken.

EW	F	KH	kcal/kJ
33 g	12 g	13 g	300/1260

Kalbsröllchen mit Zucchini

Zutaten
4 dünne Kalbsschnitzel (à 150 g)
8 Scheiben Parmaschinken
1 Zucchini
2–3 EL Olivenöl (extra vergine)
Salz
Pfeffer
1 Packung Tomatenstücke mit Zwiebel-Knoblauch-Geschmack

Zubereitung

1 Kalbsschnitzel der Länge nach halbieren und flach klopfen. Auf jede Scheibe Fleisch eine Scheibe Schinken legen.

2 Zucchini waschen und trockentupfen. In Stifte schneiden und auf dem Fleisch verteilen. Schnitzel aufrollen, mit Küchengarn zusammenbinden. In heißem Olivenöl rundherum anbraten, anschließend salzen und pfeffern.

3 Tomaten aus der Packung dazugeben und die Röllchen zugedeckt ca. 10–15 Minuten schmoren lassen. Evtl. nachwürzen. Kalbsröllchen zusammen mit der Sauce servieren.

EW	F	KH	kcal/kJ
41 g	31 g	4 g	486/2035

Hähnchenpfanne mit Brokkoli

Zutaten
500 g Hähnchenbrustfilet
4 EL Öl
2 Beutel Fertigmischung für China-Pfanne
600 g Brokkoliröschen (frisch oder tiefgekühlt)
5 EL Mandelblättchen oder gehackte Walnüsse

Zubereitung

1 Hähnchenbrustfilet in Streifen schneiden und in einer Pfanne mit heißem Öl anbraten. 600 ml Wasser dazugießen und Fertigmischung einrühren. Unter Rühren aufkochen lassen.

2 Brokkoliröschen dazugeben (tiefgekühlte nicht auftauen lassen, sonst werden sie zu weich) und bei schwacher Hitze zugedeckt 10 Minuten garen. Ab und zu umrühren.

3 Mandelblättchen oder Walnüsse goldbraun rösten und untermischen.

EW	F	KH	kcal/kJ
39 g	17 g	13 g	360/1505

TIPP
Mit diesem Rezept können Sie im Nu eine asiatische Köstlichkeit auf den Tisch zaubern. Mit körnig gekochtem Langkornreis servieren, mit geriebenem Ingwer würzen.

Kalbsleber mit Früchten

Zutaten
4 Scheiben Kalbsleber (je 200 g)
Cayennepfeffer
30 g Mehl
30 g Kokosfett
Salz
40 g Butter
1 Banane
2 Scheiben Ananas (Dose)
2 Pfirsichhälften (Dose)
3 EL Sauerkirschen, entsteint (Dose)
1/2 Bd. Petersilie
3 cl weißer Rum

Zubereitung

1 Leber häuten, Röhren und Sehnen herausschneiden; mit Haushaltspapier abtupfen, mit Cayennepfeffer würzen; in Mehl wenden.

2 Kokosfett erhitzen, Leberscheiben auf jeder Seite 4 Minuten braten, salzen. Aus der Pfanne nehmen und warm stellen.

3 Butter im Bratfett erhitzen. Banane schälen, Ananasscheiben, Pfirsichhälften und Kirschen abtropfen, Bananen und Pfirsichhälften in Scheiben schneiden, Ananasscheiben würfeln. Obst unter vorsichtigem Rühren in 3 Minuten erhitzen.

4 Leber auf einer vorgewärmten Platte anrichten. Mit Obst garnieren; mit gewaschener, trockengetupfter Petersilie garnieren.

5 Rum in einer Suppenkelle erhitzen. Über die Leber gießen, anzünden und brennend servieren.

EW	F	KH	kcal/kJ
41 g	24 g	34 g	541/2265

Würziges Lebergeschnetzeltes

Zutaten
600 g Kalbsleber
1/2 l Buttermilch
2 Zwiebeln
je 1 rote und gelbe Paprikaschote
1 Stange Lauch
2 EL Butter oder Margarine
2 EL Tomatenmark
Salz
Pfeffer
1 Msp. Cayennepfeffer
1 TL Currypulver
1/8 l trockener Weißwein
1/4 l Fleischbrühe (Instant)
Saucenbinder
Reis als Beilage

Zubereitung

1 Leber in feine Streifen schneiden und ca. 1 Stunde in Buttermilch einlegen.

2 In der Zwischenzeit Zwiebeln abziehen und in Ringe schneiden.

3 Paprikaschoten putzen, waschen, entkernen und in Streifen, Lauch putzen, waschen und in Ringe schneiden. Butter oder Margarine in einem Bräter erhitzen.

4 Die gut abgetropften Leberstreifen kurz von allen Seiten darin anbraten.

5 Das vorbereitete Gemüse zugeben und ca. 3 Minuten mitdünsten. Tomatenmark und Gewürze zufügen, mit Weißwein und Brühe aufgießen, alles bei mittlerer Hitze im geschlossenen Topf ca. 15 Minuten garen.

6 Nochmals pikant mit den Gewürzen abschmecken und evtl. mit etwas Saucenbinder andicken.

7 Nach Wunsch Lebergeschnetzeltes im Reisbett servieren.

EW	F	KH	kcal/kJ
2 g	10 g	6 g	132/554

Chinesische Geflügelpfanne

(3 Portionen)

Zubereitung

1 Speck in kleine Würfel schneiden.

2 In einer Pfanne Sonnenblumenöl heiß werden lassen und den Speck darin anbraten. Hähnchenbrustfilet waschen, trockentupfen, in Streifen schneiden und darin anbraten.

3 Möhren putzen, waschen, schälen. Chinakohl putzen, waschen, den Strunk entfernen und mit den Möhren in Streifen schneiden.

4 Apfel waschen, schälen, Kerngehäuse entfernen, in Spalten schneiden. Mit dem Gemüse zum Hähnchenfleisch geben und unter Rühren mitbraten.

5 350 ml Wasser zugießen, Beutel Fix für China-Pfanne einrühren, zum Kochen bringen und 10 Minuten kochen.

6 Cashewkerne grob hacken und unterrühren.

EW	F	KH	kcal/kJ
16 g	10 g	76 g	480/2005

Zutaten

50 g durchwachsener geräucherter Speck
1 EL Sonnenblumenöl
300 g Hähnchenbrustfilet
250 g Möhren
250 g Chinakohl
1 Apfel
1 Beutel Fix für China-pfanne (Fertigprodukt)
25 g Cashewnüsse

TIPP

Geht sehr schnell, schmeckt lecker mit Duftreis.

Hähnchenbrustfilets mit grünen Bohnen

Zutaten
175 g grüne Bohnen
1/2 Bd. Lauchzwiebeln
3 Tomaten
2 Hähnchenbrustfilets (à 120 g)
Salz
1–2 EL Öl
2–3 Stiele Thymian
30 g Mandeln mit Haut
150 g fettarmer Jogurt
1–2 EL Mineralwasser
weißer Pfeffer
60 ml Gemüsebrühe (Instant)
nach Belieben Thymian zum Garnieren

Zubereitung

1 Bohnen putzen, waschen und in einem Sieb gut abtropfen lassen. Lauchzwiebeln putzen, waschen und in kleine Stückchen schneiden. Tomaten waschen, putzen und in Spalten schneiden. Fleisch waschen, mit Küchenpapier trockentupfen.

2 Bohnen in kochendem Salzwasser ca. 12 Minuten garen, danach abtropfen lassen.

3 Inzwischen Öl in einer Pfanne erhitzen, Fleisch darin unter Wenden kräftig anbraten, dann bei schwacher Hitze unter mehrmaligem Wenden ca. 10 Minuten braten.

4 Thymian waschen, trockenschütteln und die Blättchen von den Stielen zupfen. Mandeln grob hacken. Jogurt und Mineralwasser verrühren, etwas salzen und pfeffern. 3/4 der Mandeln gut unterrühren.

5 Hähnchen mit Salz und Pfeffer würzen. Aus der Pfanne nehmen und warm halten.

6 Lauchzwiebeln, Thymian und Tomaten in das Bratfett geben und unter Wenden 2–3 Minuten braten. Bohnen zufügen und weitere 2–3 Minuten braten. Mit Brühe ablöschen, aufkochen und mit Salz und Pfeffer würzen.

7 Gemüse, je 1 Hähnchenfilet und einen Klecks Mandel-Jogurt auf Tellern anrichten. Mit restlichen Mandeln bestreuen und nach Belieben mit Thymian garniert servieren. Restliche Mandel-Jogurtsauce extra dazureichen.

EW	F	KH	kcal/kJ
35 g	22 g	14 g	400/1680

TIPP
Grüne Bohnen müssen fest und knackig sein, ohne braune Stellen. Im Kühlschrank sind sie höchstens 2 Tage haltbar. Grüne Bohnen dürfen nicht roh verzehrt werden, da sie den giftigen Stoff Phasin enthalten, der durch Hitze abgebaut wird.

Pikante Gemüse-Rindfleisch-Pfanne

Zutaten
350 g Pastinaken
450 g Rinderlende
450 g Lauch
2 rote Paprikaschoten
350 g Zucchini
90 ml Pflanzenöl
2 Knoblauchzehen, zerdrückt
Salz
schwarzer Pfeffer aus der Mühle
3 EL Hoisinsauce (Fertigprodukt)

Zubereitung

1 Pastinaken schälen, längs halbieren und fein würfeln. Unter kaltem Wasser kurz abwaschen und gut abtropfen lassen.

2 Rinderlende in Streifen schneiden.

3 Lauch putzen, waschen und in Ringe schneiden. Geputzte Paprikaschoten grob würfeln.

4 Gewaschene Zucchini in dünne Scheiben schneiden.

5 Pflanzenöl in einer großen Pfanne oder einem Wok erhitzen, Pastinaken portionsweise darin kross anbraten, mit einem Schaumlöffel herausnehmen und gut abtropfen lassen.

6 Rindfleisch im verbliebenen Öl unter Rühren ebenfalls scharf anbraten und abtropfen lassen.

7 Anschließend Knoblauch, Lauch, Paprika und Zucchini ca.10 Minuten unter Rühren bissfest garen, mit Salz und Pfeffer würzen und das gebratene Fleisch sowie die Hoisinsauce hinzufügen.

8 Kurz erhitzen und mit krossen Pastinakenwürfeln servieren.

EW	F	KH	kcal/kJ
27 g	28 g	17 g	440/1839

TIPP

Pastinaken sind Wurzelrüben, etwas größer als Möhren, nährstoffreich, mit weißem bis gelbem Fleisch. Sie kommen vor allem aus England und Amerika. Pastinaken können durch Möhren ersetzt werden.

Tunesisches Fleisch-Gemüse-Ragout (für 6 Personen)

Zutaten
250 g Lammfleisch (Keule oder Schulter)
250 g Rindfleisch (Hüfte oder Bug)
4 EL Sonnenblumenöl
3 Knoblauchzehen
2 Zwiebeln
1/2 Würfel klare Fleischsuppe (Fertigprodukt)
500 g Hähnchenbrustfilet
200 g Wirsing
200 g grüne Bohnen
250 g Möhren
1 kleine Zucchini
2 Stangen Lauch
2 grüne Paprikaschoten
5 Tomaten
1 Dose Kichererbsen, abgetropft (400 ml)
Tabasco

Zubereitung

1 Lammfleisch und Rindfleisch waschen, trockentupfen, in Würfel schneiden.

2 In einer beschichteten Pfanne Sonnenblumenöl heiß werden lassen, Fleischwürfel darin anbraten. Knoblauchzehen und Zwiebeln schälen, in kleine Würfel schneiden, zugeben und mitbraten. 1/4 l Wasser zugießen. Würfel klare Fleischsuppe darin auflösen und 30 Minuten schmoren.

3 Hähnchenbrustfilet waschen, trockentupfen und in Stücke schneiden.

4 Wirsing putzen, waschen, den Strunk entfernen und in Streifen schneiden. Bohnen putzen, waschen und in Stücke brechen. Möhren putzen, waschen, in Scheiben schneiden. Zucchini putzen, waschen und in Ringe schneiden. Lauch putzen, waschen und in Ringe schneiden. Paprikaschoten waschen, Kerne sowie weiße Innenhäute entfernen und in Streifen schneiden. Alles zum Fleisch geben und weitere 30 Minuten dünsten.

5 Tomaten brühen, häuten, den Blütenansatz entfernen, in Viertel schneiden, 10 Minuten vor Ende der Garzeit mit den Kichererbsen zugeben. Mit Tabasco würzen und abschmecken.

EW	F	KH	kcal/kJ
43 g	24 g	17 g	463/1939

Paprika-Bananen-Gemüse mit Speck

Zubereitung

1 Paprikaschoten waschen, Kerne und weiße Innenhäute entfernen, in Streifen schneiden. Zwiebeln schälen und in Achtel schneiden.

2 Speck in kleine Würfel schneiden. In einer Pfanne Sonnenblumenöl heiß werden lassen und alles darin anbraten. 1/8 l Wasser zugießen und zum Kochen bringen. Würfel klare Fleischsuppe darin auflösen und alles 15 Minuten kochen lassen.

3 Bananen schälen, in Scheiben schneiden, zugeben und heiß werden lassen.

EW	F	KH	kcal/kJ
5 g	33 g	22 g	404/1691

Zutaten

2 grüne Paprikaschoten
2 rote Paprikaschoten
2 Zwiebeln
150 g durchwachsener geräucherter Speck
1 EL Sonnenblumenöl
1/2 Würfel klare Fleischsuppe (Fertigprodukt)
3 Bananen

Gänseleber Berliner Art

Zutaten
3 Äpfel
3 Zwiebeln
60 g Butter
4 kleine Scheiben Weißbrot
4 Gänselebern
20 g Mehl
Salz
1 Bd. Petersilie

Zubereitung

1 Äpfel schälen, vierteln, Kerngehäuse entfernen.

2 Zwiebeln schälen. Äpfel und Zwiebeln in dünne Scheiben schneiden.

3 In einem Topf 20 g Butter erhitzen. Weißbrotscheiben darin auf jeder Seite 2 Minuten braten. Herausnehmen und warm stellen.

4 Apfel- und Zwiebelringe in der Pfanne goldgelb braten, warm stellen.

5 Wenn nötig, von den Lebern die Sehnen entfernen, waschen, trockentupfen. In Mehl wenden.

6 40 g Butter erhitzen, Lebern darin auf jeder Seite 3 Minuten braten. Salzen und auf das Brot verteilen.

6 Auf vorgewärmter Platte mit Apfel- und Zwiebelringen anrichten. Mit gewaschener, trockengetupfter Petersilie garnieren.

EW	F	KH	kcal/kJ
29 g	18 g	42 g	450/1881

TIPP

Wenn Sie die Frikadellen ganz traditionell zubereiten möchten, Hackfleisch mit 2 Eiern, 1 in Wasser eingeweichten und ausgedrückten Brötchen und in Butter angedünsteten Zwiebelwürfeln und gehackter Petersilie vermischen. Alles salzen und pfeffern und Frikadellen formen.

Frikadellen Julienne

Zutaten
75 g Schinkenspeck
1 Beutel Zubereitung für Hackbraten (Fertigprodukt)
500 g Rinderhackfleisch
2 EL Sonnenblumenöl
1 große Möhre
1 grüne Paprikaschote
60 g Champignons
20 g Butter
1/2 TL Brühe (Instant)
1/2 Glas Apfelwein
125 g Sahne

Zubereitung

1 Schinkenspeck in kleine Würfel schneiden.

2 Zubereitung für Hackbraten in 1/8 l Wasser einrühren. Hackfleisch und Schinkenspeck zugeben und mischen.

3 Aus der Masse 8 Frikadellen formen. Sonnenblumenöl heiß werden lassen und die Frikadellen von beiden Seiten braten, herausnehmen und warm stellen.

4 Möhre putzen, waschen, schälen und in Streifen schneiden. Paprikaschote waschen, Kerne und weiße Innenhäute entfernen und Paprika in feine Streifen schneiden.

5 Champignons putzen und ebenfalls in Streifen schneiden. Butter in einem Topf heiß werden lassen, Gemüse darin ca. 5 Minuten dünsten. Brühe zufügen.

6 Apfelwein und Sahne zugießen und einkochen lassen, bis das Gemüse leicht gebunden ist.

7 Gemüse auf den Frikadellen anrichten.

EW	F	KH	kcal/kJ
31 g	54 g	19 g	695/2909

Fisch und Meeresfrüchte

Knoblauch-Fischpfanne (Abb. S. 37)

Zutaten
600 g Rotbarschfilet
2 kleine rote Paprikaschoten (à 125 g)
4 Stangensellerie
1 Stange Lauch
1 Bd. Dill
50 g Knoblauchbutter
100 ml Fischbrühe
100 g Schmand
2 EL Zitronensaft
Salz
Pfeffer, frisch gemahlen

Zubereitung

1 Fischfilets waschen, trockentupfen und in große Würfel schneiden.

2 Paprikaschoten, Staudensellerie und Lauch putzen, waschen und in Streifen schneiden. Dill waschen und hacken.

3 Knoblauchbutter in der Pfanne zerlassen. Gemüse darin bei mittlerer Hitze 5 Minuten dünsten. Brühe zugießen. Schmand unterrühren.

4 Fischfilet zugeben und ca. 8 Minuten garen. Zwischendurch umrühren. Mit Zitronensaft, Salz und Pfeffer abschmecken.

5 Dill darüber streuen.

EW	F	KH	kcal/kJ
26 g	17 g	49 g	475/1988

Karpfen im Ganzen gebraten

Zutaten
1 Karpfen (1,5 kg)
4 EL Zitronensaft
Salz
Pfeffer
1 Bd. Petersilie
2 Zwiebeln
100 g Butter
einige geschälte rohe Kartoffeln nach Belieben
50 g Champignons geputzt, gewaschen und in Scheiben geschnitten
1 Tomate, gehäutet und gewürfelt
1/8 l Weißwein

Zubereitung

1 Karpfen ausnehmen, schuppen, innen und außen waschen, mit Zitronensaft beträufeln, salzen, pfeffern.

2 Petersilie waschen, einige Stängel in den Fischbauch geben. Restliche Petersilie hacken, Zwiebeln würfeln.

3 Nach Belieben Fisch mit Kartoffeln füllen, so dass er mit dem Bauch nach unten in einer Form stehen bleibt.

4 50 g Butter in einer feuerfesten Form erhitzen, Fisch hineinstellen. Petersilie und Zwiebeln darauf und in der heißen Butter verteilen.

5 Restliche Butter in Flöckchen auf den Fisch geben. Champignons und Tomatenwürfel um den Fisch legen, Wein angießen.

6 Fisch in den vorgeheizten Ofen (180–190 Grad) schieben. Unter häufigem Begießen ca. 30 Minuten braten. Wenn sich die Rückenflosse leicht heraustrennen lässt, ist der Fisch fertig.

7 In der Form mit Salzkartoffeln servieren.

EW	F	KH	kcal/kJ
67 g	37 g	9 g	970/4072

Karpfenmedaillons

Zutaten
4 kleine Zwiebeln
80 g Butter
150 ml Milch
50 g Sahne
2 EL Paniermehl
60 g Meerrettich, frisch gerieben
Zitronensaft
600 g kleine Möhren
Salz
1 EL Zucker
1 Karpfen von ca. 2 kg, filetiert und gehäutet
Pfeffer
Salzkartoffeln als Beilage

Zubereitung

1 Zwiebeln schälen, fein hacken und in 20 g Butter anschwitzen, mit Milch und Sahne aufgießen.

2 Paniermehl und Meerrettich dazugeben und mit Zitronensaft abschmecken.

3 Möhren schälen, im Ganzen in 20 g Butter sautieren, salzen und mit Zucker bestreuen, noch weitere 5 Minuten garen.

4 Karpfen in kleine Medaillons schneiden, salzen, pfeffern und 2–3 Minuten in der restlichen Butter braten.

5 Sauce auf vorgewärmte Teller verteilen. Karpfenmedaillons darauf anrichten und Möhren dazureichen.

6 Salzkartoffeln als Beilage servieren.

EW	F	KH	kcal/kJ
63 g	30 g	20 g	645/2701

TIPP

Die Sauce schmeckt noch feiner, wenn man Zwiebeln durch Schalotten ersetzt.
Als Getränk passt gut gekühlter, trockener Weißwein.

Zutaten
450 g Fischstäbchen (tiefgekühlt)
1 Dose Ananas in Scheiben (580 ml)
4 kleine Zwiebeln, geschält, in Stücke geschnitten
1 rote Paprikaschote, gewaschen, in Stücke geschnitten
2 EL Sonnenblumenöl
1 Packung Delikatess-Currysauce (Fertigprodukt)
Reis als Beilage

Fischspieße indische Art

Zubereitung

1 Fischstäbchen antauen lassen.

2 Ananas abtropfen lassen, halbieren, 1 Scheibe in Würfel schneiden.

3 Auf 8 Spieße abwechselnd halbierte Ananas, Fischstäbchen, Zwiebeln und Paprika stecken.

4 Spieße in heißem Öl rundherum braten, aus der Pfanne nehmen. 1/4 l Wasser in das Bratfett gießen, zum Kochen bringen. Delikatess-Currysauce einrühren, 1 Minute kochen lassen. Ananaswürfel zufügen und zu den Fischspießen reichen.

5 Mit Reis anrichten.

EW	F	KH	kcal/kJ
19 g	9 g	50 g	360/1505

Zutaten
4 Portionsfische (z. B. Forelle, Lachsforelle, Renke, Merlan, Schleie, Barsch, Saibling)
2 EL Zitronensaft
Salz
weißer Pfeffer, frisch gemahlen
Mehl
2 EL Butterschmalz oder anderes Fett
1 Bd. Petersilie, fein gehackt

Fisch nach Müllerinart

Zubereitung

1 Fische evtl. schuppen, innen und außen unter fließendem kaltem Wasser abspülen, trockentupfen und mit Zitronensaft beträufeln, salzen, pfeffern und in Mehl wenden.

2 In einer Pfanne Fett erhitzen. Fische darin bei mittlerer Hitze auf jeder Seite braten.

3 Gebratene Fische aus der Pfanne nehmen und auf vorgewärmte Teller geben.

4 Petersilie in das Bratfett geben und kurz darin schwenken. Bratfett mit Petersilie über den Fisch gießen.

EW	F	KH	kcal/kJ
57 g	15 g	1 g	397/1667

Forellenpäckchen auf Champignon-Gurkenrahm

Zutaten
1 Bd. Lauchzwiebeln
1/2 Bd. glatte Petersilie
200 g Champignons
1 Salatgurke
8 Forellenfilets (à 100 g)
Saft von 1 Zitrone
Salz
Pfeffer
8 Scheiben geräucherter Speck, hauchdünn geschnitten
60 g Butterschmalz
1 Zwiebel, geschält, in Würfel geschnitten
1 Bd. Schnittlauch, gewaschen, in Röllchen geschnitten
250 ml Fischfond (Glas) oder Brühe (Instant)
1/8 l Weißwein
125 g Sahne
1–2 EL heller Saucenbinder

Zubereitung

1 Lauchzwiebeln putzen, waschen, längs halbieren. In kochendem Wasser ca. 2 Minuten blanchieren, abschrecken; herausnehmen.

2 Petersilie waschen, Blätter abzupfen. Champignons putzen.

3 Gurke schälen, längs halbieren, Kerne herausschaben, Fruchtfleisch würfeln.

4 Forellenfilets waschen, trockentupfen. Mit Zitronensaft beträufeln, salzen und pfeffern. Petersilienblättchen auf die Innenfläche der Filets legen. Beide Endstücke der einzelnen Filets nach innen übereinander klappen.

5 Lauchzwiebel- und Speckstreifen um die Päckchen wickeln, mit Küchengarn festbinden.

6 20 g Butterschmalz erhitzen. Zwiebelwürfel glasig dünsten, Champignons andünsten. Gurkenwürfel zufügen, mit Fischfond und Wein ablöschen. Ca. 10 Minuten köcheln.

7 Restliches Butterschmalz erhitzen, Fischpäckchen darin rundherum 8–10 Minuten braten.

8 Sahne zur Champignonsauce geben, aufkochen, mit Saucenbinder binden.

9 Schnittlauch zufügen und abschmecken.

EW	F	KH	kcal/kJ
46 g	48 g	14 g	691/2902

Mexikanische Reispfanne mit Schrimps

Zutaten
2 Zwiebeln, geschält, klein geschnitten
2 Knoblauchzehen, geschält, klein geschnitten
4 EL Sonnenblumenöl
200 g Langkornreis
1 Würfel klare Gemüsesuppe
1 Chilischote
1 grüne Paprikaschote, gewaschen, klein geschnitten
1 rote Paprikaschote, gewaschen, klein geschnitten
100 g Stangensellerie
2 Möhren, geraspelt
200 g Schrimps
1 Bd. frisches Koriandergrün

Zubereitung

1 Zwiebeln und Knoblauch in heißem Öl andünsten. Reis hinzufügen, glasig werden lassen.

2 Mit 400 ml Wasser aufgießen, zum Kochen bringen. Suppenwürfel auflösen und Chilischote hinzufügen. Gemüse dazugeben und bei geringer Hitze zugedeckt ca. 20 Minuten ausquellen lassen, Chilischote herausnehmen.

3 Schrimps kurz vor Ende der Garzeit unterheben. Koriandergrün waschen, klein schneiden und kurz vor dem Anrichten dazugeben.

EW	F	KH	kcal/kJ
16 g	14 g	47 g	380/1585

Krabben-Naturreis-Pfanne

Zutaten
2 Kochbeutel Naturreis (à 125 g) oder 250 g Vollkornreis
4 EL Butter oder Margarine
400 g Krabben
2 Knoblauchzehen
abgeriebene Schale von 1/2 Zitrone (unbehandelt)
Salz
Pfeffer
1 Kästchen Kresse

Zubereitung

1 Naturreis oder Vollkornreis nach Packungsanweisung zubereiten.

2 Butter oder Margarine erhitzen, Krabben darin dünsten. Knoblauchzehen schälen, zerdrücken, unter gegarten Naturreis mischen und in die Pfanne geben.

3 Alles unter Rühren erhitzen, mit Zitronenschale, Salz und Pfeffer würzen.

4 Kresse vom Beet schneiden und über die Krabben-Naturreis-Pfanne streuen.

EW	F	KH	kcal/kJ
26 g	9 g	11 g	237/990

Gebratenes Zanderfilet mit Kartoffelpüree und Balsamico-Essig-Butter

Zutaten
1 kg mehlig kochende Kartoffeln
200 g Sahne
125 g Butter, zimmerwarm
Salz
Muskat
20 g Lauchzwiebeln
Pfeffer
700 g Zanderfilet ohne Haut und Gräten
1 Knoblauchzehe
1 Salbeizweig
5 EL Balsamico-Essig
6 EL Gemüsebrühe oder Fischfond (Glas)
100 g kalte Butterwürfel

Zubereitung

1 Kartoffeln schälen, vierteln, in Salzwasser 20 Minuten kochen, abgießen und mit einem Kartoffelstampfer zerdrücken.

2 Sahne aufkochen und mit 50 g Butter unter die Kartoffeln rühren. Das Kartoffelpüree mit Salz und Muskat abschmecken und warm stellen.

3 Lauchzwiebeln putzen, dunkelgrüne Teile entfernen, schräg in kurze Stücke schneiden. Mit Salz und Pfeffer würzen, mit 1 EL Butter bei geringer Hitze 10 Minuten braten.

4 Zanderfilet in 4 Portionen teilen, mit Salz und Pfeffer würzen. Restliche Butter in einer heißen Pfanne aufschäumen. Salbei und zerdrückten Knoblauch dazugeben, mit den Zanderfilets von jeder Seite 3–4 Minuten braten.

5 Fischfilets herausnehmen, kurz ruhen lassen. Bratensatz mit Essig und Brühe löschen, um die Hälfte einkochen lassen.

6 Kalte Butter unterrühren, Sauce abschmecken.

7 Zanderfilets mit Lauchzwiebeln und Kartoffelpüree anrichten und mit der Sauce servieren.

EW	F	KH	kcal/kJ
42 g	64 g	52 g	955/4011

TIPP
Zander ist ein edler Fisch mit schmackhaftem weißen Fleisch. Dieses Gericht schmeckt auch sehr gut mit Filets von Goldbarsch, auch Rotbarsch genannt, oder Kabeljau.

Zutaten
16 Gambas (Riesengarnelen)
2 EL Zitronensaft
Salz
Pfeffer
2 EL Olivenöl
2 Knoblauchzehen, geschält
200 g Majonäse
100 g Crème fraîche
Baguette oder Knoblauchbrot als Beilage

Gambas mit Knoblauchcreme

Zubereitung

1 Gambas mit Zitronensaft, Salz und Pfeffer würzen und ca. 20 Minuten marinieren lassen.

2 Auf zwei Holzspieße stecken und in Öl von jeder Seite 2 Minuten braten.

3 Für die Creme Knoblauchzehen durchpressen.

4 Majonäse mit Crème fraîche, Pfeffer und Knoblauch verrühren. Zu den Gambas servieren.

5 Dazu schmeckt frisches Baguette oder auch Knoblauchbrot.

EW	F	KH	kcal/kJ
2 g	10 g	6 g	132/554

Bodenseefelchenfilet auf Zitronensauce mit Nudeln

Zutaten
200 g Petersilienwurzeln
200 g Möhren
2 EL Butter
2 TL Zucker
180 ml Mineralwasser
Salz
weißer Pfeffer
1 EL Mehl
100 ml trockener Weißwein
1/4 l Fischsud
2 EL trockener Wermut
Saft von 1 Zitrone
abgeriebene Schale von 1/2 Zitrone (unbehandelt)
200 g Sahne
800 g Bodensee-felchenfilet
500 g Bandnudeln
Mehl
2 EL Butterschmalz
1 Bd. glatte Petersilie, fein gehackt

Zubereitung

1 Petersilienwurzeln und Möhren schälen, in kleine Würfel schneiden und in 1 EL heißer Butter anschwitzen. Mit 1 TL Zucker bestreuen, mit Mineralwasser begießen und abgedeckt 5–8 Minuten schmoren lassen. Anschließend mit Salz und Pfeffer würzen.

2 Mehl in 1 EL heißer Butter einrühren, Weißwein angießen – dabei kräftig rühren, dass keine Klümpchen entstehen. Fischsud zugeben und die Flüssigkeit auf die Hälfte einkochen lassen. Wermut, Zitronensaft, -schale und Sahne zugeben und mit Salz, etwas Zucker und Pfeffer würzen.

3 Bodenseefelchenfilet von Haut und Gräten befreien. Filets je nach Größe halbieren oder dritteln.

4 Nudeln in reichlich kochendem Salzwasser nach Packungsanleitung kochen, abgießen und zugedeckt warm stellen.

5 In der Zwischenzeit Fischfilets mit Salz und Pfeffer würzen, in Mehl wenden und in heißem Butterschmalz von beiden Seiten goldgelb braten. Petersilie zugeben, kurz durchschwenken.

6 Fisch mit Zitronensauce, Gemüse und Nudeln auf Tellern anrichten.

EW	F	KH	kcal/kJ
16 g	10 g	76 g	480/2005

Scharfe Knoblauchgarnelen mit Limonenmajonäse

Zutaten
1 Limone (unbehandelt)
1 Eigelb
1 TL Senf
1/2 TL Salz
230 ml Olivenöl
Pfeffer
Zucker nach Belieben
2 Knoblauchzehen
2 kleine rote Chilischoten
1/2 Bd. glatte Petersilie
500 g rohe Riesengarnelen ohne Kopf und Schale

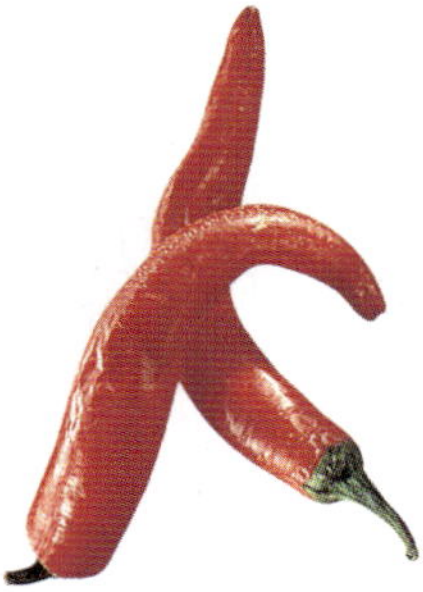

Zubereitung

1 Für die Majonäse Limone heiß abspülen, die Schale abreiben, Saft auspressen. Zimmerwarmes Eigelb, Senf, Salz und 1 EL Limonensaft mit einem Schneebesen verrühren.

2 200 ml Olivenöl – anfangs tröpfchenweise – unter ständigem Rühren unterschlagen.

3 Limonenmajonäse mit Pfeffer, Limonensaft und -schale und evtl. Zucker abschmecken.

4 Für die Garnelen Knoblauch abziehen, in dünne Scheiben schneiden.

5 Chilischoten halbieren, entkernen, fein hacken. Petersilie waschen, trockentupfen, zerkleinern.

6 Garnelen unter fließendem kaltem Wasser abspülen und trockentupfen, in 2 EL heißem Olivenöl 2 Minuten anbraten.

7 Knoblauch, Chili und Petersilie zugeben, kurz mitbraten, mit Limonensaft begießen.

8 Garnelen mit Salz, Pfeffer und Limonensaft abschmecken, zur Limonenmajonäse servieren.

EW	F	KH	kcal/kJ
27 g	64 g	3 g	688/2890

Gegrillte Lachssteaks mit Papaya und Mandeln

Zutaten
4 Lachsfiletstücke (à 200 g)
Salz
Pfeffer
4 EL Currypulver
4 EL Sonnenblumenöl
300 g gemischter Blattsalat
1 kleine Papaya
1 rote Zwiebel
1 Tomate
1 Bd. Koriander
4 EL Mandelöl
2 EL Himbeeressig
50 g Mandelblättchen, grob gehackt

Zubereitung

1 Lachsfilets salzen, pfeffern und mit Curry einreiben. Mit Sonnenblumenöl bestreichen und beiseite stellen.

2 Salat putzen, waschen und abtropfen lassen.

3 Papaya schälen, halbieren und mit einem Löffel Kerne entfernen.

4 1/4 der Papaya in Scheiben schneiden und zum Dekorieren aufbewahren, Rest würfeln. Zwiebel schälen, in feine Scheiben schneiden.

5 Tomate grob würfeln, Koriander hacken. Salatzutaten mit Mandelöl und Himbeeressig anmachen, mit Salz und Pfeffer abschmecken.

6 Lachsfilets in einer beschichteten Grillpfanne von beiden Seiten je 3–4 Minuten grillen und auf dem Salat servieren.

7 Mit Mandeln bestreuen und mit Papayascheiben verzieren.

EW	F	KH	kcal/kJ
4 g	1 g	58 g	260/1090

Fischröllchen mit Limettensauce

Zutaten
4 Rotbarschfilets
(à 150 g)
Saft von 1 Limette
Salz
grober Pfeffer
4 Scheiben milder roher Schinken
40 g Mandelblättchen
2 EL Dill, gehackt
1 EL Butter
2 EL Öl
2 Limetten (unbehandelt)
8 EL Weißwein
150 g Butter
3 Eigelb
1/2 TL Zucker

TIPP
Servieren Sie dieses feine Gericht mit einem trockenen Weißwein und Salzkartoffeln.

Zubereitung

1 Rotbarschfilets nebeneinander auf eine Arbeitsfläche legen. Mit Limettensaft beträufeln, salzen und pfeffern. Jeweils mit 1 Scheibe Schinken belegen und mit Mandelblättchen und Dill bestreuen. Aufrollen und mit Zahnstochern feststecken.

2 Butter und Öl erhitzen, Fischröllchen darin vorsichtig rundherum anbraten.

3 Limetten halbieren und auspressen. Limettensaft und Weißwein zu den Röllchen gießen, zugedeckt bei schwacher Hitze ca. 10 Minuten schmoren. Fischröllchen herausnehmen und warm stellen.

4 Butter im verbliebenen Sud auflösen, in eine Metallschüssel geben und diese in ein heißes Wasserbad stellen. Eigelb mit dem Schneebesen unterheben und schlagen, bis die Sauce dicklich wird. Die Sauce darf dabei nicht kochen. Mit Salz, Pfeffer und Zucker abschmecken und die Hälfte der Limettenstreifen unterheben.

5 Fischröllchen auf Tellern anrichten, mit Sauce übergießen und mit restlichen Limettenstreifen bestreuen.

EW	F	KH	kcal/kJ
27 g	64 g	3 g	688/2890

Edelfische in Sahnesauce

Zubereitung

1 Seezungen- und Lachsfilet kurz waschen und trockentupfen. Seezungenfilets aufrollen, Lachsfilet in vier Stücke teilen. Den Fisch und die Garnelen mit Zitronensaft beträufeln, salzen und pfeffern.

2 Öl erhitzen, Filets und Garnelen darin anbraten, Fischfond angießen und ca. 5 Minuten ziehen lassen. Fisch und Garnelen herausnehmen und warm stellen.

3 Fischfond stark erhitzen, Sahne, Wermut und Limettensaft angießen, salzen, pfeffern und die Hitze etwas reduzieren.

4 Fisch und Sauce auf Tellern anrichten und mit Kerbelblättchen garnieren.

5 Dazu schmecken grüne und weiße Bandnudeln.

EW	F	KH	kcal/kJ
65 g	43 g	2 g	700/2920

Zutaten

400 g Seezungenfilet
400 g Lachsfilet
12 küchenfertige Riesengarnelen
Saft von 1/2 Zitrone
Salz
Pfeffer
3 EL Speiseöl
1/4 l Fischfond (Glas)
200 g Sahne
2 cl trockener italienischer Wermut
1 TL Limettensaft
Kerbelblättchen zum Garnieren
grüne und weiße Bandnudeln als Beilage

Scholle in Gewürzsud

Zubereitung

1 Schollen innen und außen gut waschen und trockentupfen. Öl erhitzen, Schollen von beiden Seiten ca. 2 Minuten anbraten.

2 Für den Sud Zwiebeln schälen. Zitronen heiß abwaschen und beides in Scheiben schneiden.

3 Die Hälfte des Dills und der Petersilie waschen und klein zupfen. Alles mit 1/4 l Wasser, Wein, Salz, Pfeffer, Senfkörnern und Wacholderbeeren in eine Fettpfanne geben.

4 Schollen in den Sud legen und im vorgeheizten Ofen bei 200 Grad ca. 10 Minuten garen. Aus der Pfanne nehmen, warm stellen.

5 Den Sud durch ein Sieb gießen. Sud in einen Topf geben, Sahne dazugießen und etwas einkochen lassen. Mit Zitronensaft, Salz und Pfeffer abschmecken.

6 Restlichen Dill und Petersilie waschen, fein hacken und unter die Sauce mischen.

7 Scholle heiß mit der Sauce servieren.

EW	F	KH	kcal/kJ
27 g	42 g	9 g	575/2415

Zutaten

4 Schollen
Öl zum Braten
4 Zwiebeln
2 Zitronen (unbehandelt)
1 Bd. Dill
1 Bd. Petersilie
1/2 l Weißwein
Salz
Pfeffer
3 EL Senfkörner
10 Wacholderbeeren
200 g Sahne
Zitronensaft

TIPP

Als Beilage schmecken Salzkartoffeln mit fein gehackter Petersilie.

Mediterrane Fischpfanne

Zutaten
300 g Seelachsfilet
300 g Kabeljaufilet
Salz
1 EL Zitronensaft
4 Zwiebeln
3 Knoblauchzehen
2 EL Olivenöl
1/2 l Tomatensaft
je 50 g schwarze und grüne Oliven (Glas)
1/2 TL Kräuter der Provence
1/2 TL Paprikapulver edelsüß, Pfeffer
4 EL Weißwein
1 kleine Stange Baguette (250 g)
Kerbelblättchen zum Verzieren

Zubereitung

1 Fischfilets abwaschen, trockentupfen und in mundgerechte Stücke schneiden. Fischfiletstücke salzen und mit Zitronensaft beträufeln.

2 Zwiebeln und Knoblauchzehen abziehen, Zwiebeln in dünne Spalten schneiden und Knoblauch mit dem Messerrücken zerdrücken.

3 Olivenöl vorsichtig erhitzen, Zwiebeln und Knoblauch darin andünsten. Fisch zugeben, rundum kurz anbraten und mit Tomatensaft ablöschen, ca. 5 Minuten garen.

4 Kurz vor Ende der Garzeit Oliven, Kräuter der Provence und Paprika zugeben.

5 Mit Salz und Pfeffer abschmecken, mit Weißwein verfeinern und zu frischem Baguette servieren. Nach Wunsch mit Kerbelblättchen verzieren.

EW	F	KH	kcal/kJ
34 g	18 g	41 g	412/1725

Finnische Fischbällchen

Zutaten
1 kg Kabeljaufilet
4 TL Zitronensaft
4 Dosen Sardellen in Öl
40 g Butter, Pfeffer
1 große Zwiebel
1 Bd. Petersilie
1/2 Bd. frischer Dill
4 Eier
2 eingeweichte Brötchen
Salz
2 cl Aquavit
4 EL Paniermehl
1/4 l Öl
1 Zitrone (unbehandelt)

TIPP
Schmeckt hervorragend mit Dillsauce und Salzkartoffeln.

Zubereitung

1 Kabeljaufilet kalt abspülen, mit Küchenpapier abtupfen, mit Zitronensaft beträufeln. 5 Minuten ziehen lassen. Mit abgetropften Sardellen durch den Fleischwolf drehen. Sardellenöl aufbewahren.

2 Butter schaumig rühren und pfeffern. Fischfilet hineingeben.

3 Zwiebel schälen, fein hacken. Petersilie waschen, die Hälfte hacken. Dill waschen, hacken. Alles zum Fisch geben.

4 2 aufgeschlagene Eier, ausgedrückte, zerpflückte Brötchen, Aquavit und Sardellenöl dazugeben; gut mischen, abschmecken, evtl. nachsalzen. Mit nassen Händen Bällchen von 5 cm Durchmesser formen, etwas flach drücken. In 2 verquirlten Eiern und Paniermehl wenden.

5 Reichlich Öl in einer Pfanne erhitzen. Bällchen darin rundherum 15 Minuten goldbraun braten. Auf einer Platte anrichten, mit der restlichen Petersilie und Zitronenscheiben garnieren.

EW	F	KH	kcal/kJ
37 g	52 g	17 g	704/2957

Asiatische Reisnudeln mit Seeteufel

Zubereitung

1 Knoblauchzehen und Ingwer schälen und fein schneiden oder hacken. Chilischote entkernen und in dünne Scheibchen schneiden. Stiele der Shiitakepilze entfernen, Pilze in Scheiben schneiden. Frühlingszwiebeln putzen und schräg in 2 cm lange Stücke schneiden.

2 Reisnudeln nach Packungsanweisung garen, abschrecken und beiseite stellen.

3 Seeteufelfilet in ca. 1 cm dicke Scheiben schneiden.

4 1 EL Öl in einer beschichteten Pfanne oder einem Wok erhitzen, Mandelstifte darin goldbraun braten. Mandeln herausnehmen, Seeteufel in der heißen Pfanne von jeder Seite kurz braten, ebenfalls herausnehmen.

5 Restliches Öl in die Pfanne geben, Knoblauch, Ingwer, Chili, Pilze und Frühlingszwiebeln 2 Minuten braten, dabei ständig rühren. Reisnudeln, Mandelstifte, Sesamöl, Sojasauce, Sherry und Seeteufelscheiben zufügen und 2 Minuten durchkochen lassen.

6 Abschmecken und mit Koriander bestreut anrichten.

EW	F	KH	kcal/kJ
29 g	24 g	56 g	570/2395

Zutaten

2 Knoblauchzehen
50 g Ingwerwurzel
1 rote Chilischote
150 g Shiitakepilze
1 Bd. Frühlingszwiebeln
250 g Reisnudeln
400 g Filet vom Seeteufel
3 EL Sonnenblumenöl
2 EL Mandelstifte
2 EL Sesamöl
2 EL Sojasauce
2 EL trockener Sherry
2 EL Koriandergrün, gehackt

TIPP

Seeteufel, auch unter dem Namen Lotte bekannt, hat festes weißes Fleisch und keine Gräten, nur einen starken Rückenknochen.

Fischkotelett Feinschmecker Art

Zutaten
4 Kabeljaukoteletts (à 200 g)
Saft von 1 1/2 Zitronen
Salz
weißer Pfeffer
80 g Butter
1 Zwiebel
1 Bd. Petersilie
2 Glas herber Weißwein
30 g Mehl
1/4 l heiße Fleischbrühe (Instant)
150 g Champignons
100 g Scampi (tiefgekühlt)
1 Eigelb
1 Zitrone (unbehandelt)

TIPP
Als Beilage schmecken Salzkartoffeln oder Reis.

Zubereitung

1 Kabeljaukoteletts kalt abspülen, mit Küchenpapier trockentupfen. Mit Zitronensaft beträufeln, 10 Minuten ziehen lassen. Mit Salz und Pfeffer würzen.

2 40 g Butter erhitzen. Koteletts darin auf jeder Seite 10 Minuten goldbraun braten.

3 Zwiebel schälen, in Scheiben schneiden, mit dem Fisch goldgelb werden lassen. Petersilie waschen, trocknen; die Hälfte hacken und dazugeben (Rest zum Garnieren zurücklassen).

4 1 Glas Weißwein aufgießen, noch 5 Minuten dünsten. Koteletts auf einer Platte anrichten, warm halten. Bratenfond aufheben.

5 40 g Butter in einem Topf erhitzen, Mehl einrühren. Fischbratenfond und heiße Fleischbrühe einrühren. Mit 1 Glas Weißwein aufgießen und bei kleiner Hitze kochen. Champignons putzen (einige zum Garnieren zurücklassen) und in Scheiben schneiden. Mit den aufgetauten Scampi in die Sauce geben. 15 Minuten darin gar ziehen lassen. Mit Zitronensaft und Salz abschmecken.

6 Etwas Sauce abnehmen. Mit Eigelb verquirlen. Wieder in die Sauce rühren, aber nicht mehr kochen, sonst gerinnt das Eigelb. Sauce über die Kabeljaukoteletts verteilen.

7 Mit restlicher Petersilie, Champignonscheiben und in Scheiben geschnittener Zitrone garnieren.

EW	F	KH	kcal/kJ
42 g	19 g	9 g	411/1719

Muschelragout mit Garnelen

Zutaten
2 Schalotten
4 EL Olivenöl
8 grüne Oliven
8 schwarze Oliven
480 g Muschelfleisch, gekocht
12 Cocktailgarnelen
50 g Bärlauch
Salz
Pfeffer aus der Mühle

Zubereitung

1 Schalotten schälen und fein hacken. Olivenöl erhitzen, Schalottenwürfel darin andünsten.

2 Oliven in Scheiben schneiden, mit Muschelfleisch, Garnelen und Bärlauch zu den Schalotten geben. 10 Minuten braten und mit Salz und Pfeffer abschmecken.

EW	F	KH	kcal/kJ
22 g	22 g	2 g	299/1254

Gemüse

Zutaten
500 g Kartoffeln, gekocht und in Scheiben geschnitten
3 EL Pflanzencreme (Fertigprodukt)
50 g Mandeln, gehackt
4 Frühlingszwiebeln
1 kleine Chilischote (frisch oder getrocknet)
6 Eier
Salz
Pfeffer, frisch gemahlen
4 Tomaten (ca. 400 g)
1 EL Olivenöl
einige Blätter Basilikum
Salz
Pfeffer, frisch gemahlen

Kartoffelomelett »Spanisch«

(Abb. S. 53)

Zubereitung

1 In einer Pfanne Pflanzencreme heiß werden lassen, Kartoffeln dazugeben und anbraten.

2 Mandeln, klein geschnittene Frühlingszwiebeln und entkernte, in Ringe geschnittene Chilischoten zugeben und kurz mitbraten.

3 Eier verquirlen, mit Salz und Pfeffer würzen, über die Kartoffeln gießen, bei kleiner bis mittlerer Hitze zugedeckt 10 Minuten braten.

4 Tomaten entkernen, klein würfeln, würzen und mit Olivenöl und klein geschnittenem Basilikum vermischen.

5 Das Kartoffelomelett auf eine Platte stürzen, in Stücke aufteilen und darauf jeweils etwas Tomatensalsa geben.

EW	F	KH	kcal/kJ
17g	31 g	18 g	417/1748

Zutaten
1 feste Sellerieknolle
Salz
125 g gesalzene Erdnusskerne
2 Eigelb
100 g Haferflocken (Instant)
80 g Butter oder Margarine
1/4 l Milch
100 g mittelalter Gouda
Pfeffer
Salzkartoffeln als Beilage

TIPP
Geriebenen Käse unter das verquirlte Ei mischen und über die Kartoffeln gießen.

Sellerieschnitzel mit Käsesauce

Zubereitung

1 Sellerie putzen, schälen und waschen. In dünne Scheiben schneiden. Große Selleriescheiben halbieren. In kochendem Salzwasser ca. 5 Minuten garen. 1/8 l der Kochflüssigkeit abfüllen.

2 Für die Panade Erdnüsse mahlen und Eigelb mit einer Gabel verquirlen.

3 Selleriescheiben abtropfen lassen und nacheinander in Eigelb, Erdnüssen und ca. 50 g Haferflocken wenden (Erdnüsse dabei etwas andrücken). Panierte Sellerieschnitzel beiseite stellen.

4 Für die Sauce 30 g Butter oder Margarine erhitzen, restliche Haferflocken darin anschwitzen. Milch und Selleriefond unter Rühren zufügen und 5 Minuten leicht köcheln lassen.

5 Käse reiben, unter die Sauce heben, schmelzen lassen und Käsesauce mit Salz und Pfeffer abschmecken.

6 Restliches Fett erhitzen und die Selleriescheiben darin goldbraun braten.

7 Gebackene Sellerieschnitzel mit der Käsesauce getrennt anrichten und Salzkartoffeln dazureichen.

EW	F	KH	kcal/kJ
21 g	44 g	30 g	631/2650

Reichhaltige Gemüsepfanne

Zubereitung

1 Gemüse waschen und putzen. Blumenkohl in kleine Röschen, Lauch in Scheiben, Frühlingszwiebeln in Stücke und Tomaten in Streifen schneiden. Möhren und Kohlrabi schälen und in Stücke schneiden.

2 Öl in einer großen Pfanne erhitzen und das Gemüse 10–12 Minuten dünsten. Mit Pfeffer, Salz, Zucker und Thymian kräftig würzen und nochmals einige Minuten schmoren lassen.

3 Anschließend mit Petersilie garniert servieren.

4 Dazu schmecken Rosmarinkartoffeln oder frisches Baguette.

EW	F	KH	kcal/kJ
9 g	16 g	11 g	195/816

Zutaten

1/2 Kopf Blumenkohl (300 g)
1 Stange Lauch
2 Frühlingszwiebeln
3 Tomaten
4 junge Möhren
1 kleiner Kohlrabi
6 EL Öl
100 g Zuckerschoten
Pfeffer, Salz
1 Prise Zucker
Thymian
Petersilie, gehackt
Rosmarinkartoffeln oder Baguette als Beilage

Pfannengemüse mit Mandeln

Zutaten
2 EL Sonnenblumenöl
2 Knoblauchzehen, halbiert
100 g ganze Mandeln, geschält
800 g Gemüse (z. B. Möhren, Brokkoli, Paprikaschoten, Zucchini oder grüne Bohnen), fein geschnitten
3 TL Ingwerwurzel, frisch gehackt
3 EL Sojasauce
2 EL Speisestärke
Salz
Pfeffer

TIPP
Das Pfannengericht eignet sich mit frischem Baguette als Hauptspeise, schmeckt aber auch als Beilage zu kurz gebratenem Fleisch.

Zubereitung

1 1 EL Sonnenblumenöl in einer großen beschichteten Pfanne erwärmen. Knoblauch und Mandeln darin unter ständigem Rühren 4 Minuten braten. Knoblauch entfernen, warten, bis die Mandeln leicht gebräunt sind. Mandeln aus der Pfanne nehmen, beiseite stellen.

2 Restliches Öl in die Pfanne geben, Gemüse und Ingwer zufügen, bei großer Hitze unter ständigem Wenden 5 Minuten braten.

3 Herd auf mittlere Temperatur zurückschalten. 100 ml Wasser, Sojasauce und Speisestärke in einer kleinen Schüssel verquirlen und in die Pfanne gießen.

4 Unter ständigem Rühren 2 Minuten fertig garen, mit Salz und Pfeffer abschmecken, mit Mandeln vermischt auf 4 Tellern anrichten.

EW	F	KH	kcal/kJ
8 g	22 g	16 g	295/1239

Gebratene Kartoffeln mit Spinat und körnigem Frischkäse gefüllt (Abb. S. 57)

Zutaten
1 kg frische Spinatblätter
1 Zwiebel, geschält
2 Knoblauchzehen, geschält
100 g Butterschmalz
4 Tomaten, klein geschnitten
Salz, Pfeffer
1 Prise Muskatnuss, gerieben

Zubereitung

1 Spinatblätter verlesen, Stiele entfernen, Spinatblätter waschen, klein schneiden und abtropfen lassen. Zwiebel und Knoblauchzehen in Würfel schneiden.

2 20 g Butterschmalz in einem Topf erhitzen, Zwiebel darin andünsten. Spinat hinzufügen und zusammenfallen lassen. Tomaten zusammen mit Knoblauch unter den Spinat mischen.

3 Gemüse kurz durchschwenken, mit Salz, Pfeffer und Muskat würzen. Kartoffeln mit einem Gemüsehobel in dünne Scheiben schneiden.

4 20 g Butterschmalz in einer kleinen Pfanne erhitzen. Pfanne vom Herd ziehen. 6–8 Kartoffelscheiben pro Portion kreisförmig in die Pfanne legen und 2–3 EL Spinat so darauf verteilen, dass ein Kartoffelrand von 1–2 cm Breite bleibt. 1/4 des Frischkäses darüber geben. Pfanne gut bedecken und auf den Herd zurückstellen.

5 Bei mittlerer Hitze langsam braten. Zum Wenden einen Teller auf die Pfanne legen, festhalten und alles zusammen schnell umdrehen.

6 Das Gericht in die Pfanne gleiten lassen und die untere Seite goldbraun braten. Mit Salz und Pfeffer würzen. Im Ofen bei 50 Grad warm halten. Die folgenden Portionen auf die gleiche Weise zubereiten, in den Pfännchen servieren.

EW	F	KH	kcal/kJ
12 g	19 g	25 g	323/1357

4–5 mittelgroße, fest kochende Kartoffeln, geschält
150 g körniger Frischkäse

TIPP

Dieses Gericht können Sie auch – statt es in der Pfanne zu braten – in gefettete, ofenfeste Förmchen geben und bei 180 Grad ca. 40 Minuten backen.

Rahmchampignons

Zutaten
1 kg Champignons
2 Bd. Lauchzwiebeln
4 EL Öl
8 Scheiben Frühstücksspeck (Bacon)
4 Eier
Salz
grober Pfeffer
40 g Crème fraîche
4 Scheiben Bauernbrot

Zubereitung

1 Champignons putzen. Größere Pilze halbieren oder vierteln. Lauchzwiebeln putzen, waschen und in breite Ringe schneiden.

2 1 EL Öl in einer großen Pfanne erhitzen. Die Pilze darin 5 Minuten anbraten.

3 Inzwischen 1 TL Öl in einer kleinen Pfanne erhitzen. Den Frühstücksspeck darin knusprig braten und herausnehmen.

4 Eier ins heiße Bratfett schlagen und in ca. 4 Minuten zu Spiegeleiern braten. 2 Minuten vor dem Ende der Bratzeit der Pilze Lauchzwiebelringe dazugeben und mitbraten. Mit Salz und Pfeffer würzen, anschließend Crème fraîche einrühren.

5 Rahmchampignons mit den Spiegeleiern und dem Bacon anrichten. Mit grobem Pfeffer bestreuen. Dazu Bauernbrot reichen.

EW	F	KH	kcal/kJ
19 g	30 g	9 g	390/1630

Kürbisrösti

Zutaten
300 g Kürbis
200 g Kartoffeln
2 Eier
80 g Mehl
Salz

Zubereitung

1 Kürbis schälen, mit Küchenpapier trockentupfen, Kartoffeln schälen, waschen und mit Kürbis auf einer groben Reibe in eine Schüssel

raspeln. Eier, Mehl, Salz, Pfeffer und Muskatnuss dazugeben und vermengen.
2 In einer Pfanne Öl erhitzen und die kleinen Rösti darin portionsweise goldbraun backen.

EW	F	KH	kcal/kJ
7 g	5 g	29 g	210/880

Pfeffer
Muskatnuss, gerieben
2 EL Öl zum Braten

Gemüsepfanne »Sinkiang«

Zubereitung
1 Erdnusskerne in einer Pfanne ohne Fett rösten.
2 Austernpilze putzen, evtl. in Stücke schneiden. Sojabohnensprossen waschen, abtropfen lassen.
3 Frühlingszwiebeln putzen, schräg in 3 cm lange Stücke schneiden.
4 Möhre schälen und in Scheiben schneiden.
5 In einer Pfanne Öl erhitzen, Pilze darin braten. Restliches Gemüse in die Pfanne geben und zugedeckt ca. 3 Minuten dünsten, dabei gelegentlich wenden, herausnehmen. 3/8 l Wasser zugießen.
6 Fix für China-Pfanne einrühren, alles zum Kochen bringen und 10 Minuten zugedeckt köcheln lassen.
7 Mit Sojasauce würzen. Gemüse und Pilze in der Sauce heiß werden lassen und mit Erdnusskernen bestreuen.
8 Anschließend mit Reis als Beilage servieren.

EW	F	KH	kcal/kJ
8 g	12 g	13 g	211/883

Zutaten
15 g Erdnusskerne
200 g Austernpilze
150 g Sojabohnensprossen
3 Frühlingszwiebeln
1 Möhre
2 EL Sonnenblumenöl
1 Beutel Fix für China-Pfanne (Fertigprodukt)
1 EL Sojasauce
Reis als Beilage

TIPP
Austernpilze bestehen aus flachen Hüten, die auf kurzen Stielen sitzen. Verarbeiten sollten Sie nur die Hüte, die Stiele werden beim Braten oder Dünsten zäh. Das Fleisch der Austernpilze ist nahrhaft, hat einen milden Waldpilzgeschmack. Im Gemüsefach bleiben die Pilze ca. drei Tage frisch.

Zutaten
1 mittelgroße Zwiebel
5 EL Butterschmalz (50 g)
150 g gelbe Linsen
3/8 l Fleischbrühe
1 Knoblauchzehe
3 EL Maismehl
2 Eigelb
Salz
schwarzer Pfeffer aus der Mühle
1 TL Oregano
350 g rote Paprikaschoten
1 TL Paprikapulver
10 g Crème fraîche

Linsenküchlein mit Paprika

Zubereitung

1 Für die Küchlein Zwiebel schälen, fein hacken und in einem Topf in 1 EL Butterschmalz weich dünsten. Linsen hinzufügen, mit Fleischbrühe aufgießen und zugedeckt 25 Minuten bei geringer Wärmezufuhr kochen.

2 Anschließend die abgekühlten Linsen mit einem Pürierstab zerkleinern oder durch ein Sieb streichen.

3 Knoblauch schälen, zerdrücken und in das Püree geben. Maismehl und Eigelb unterarbeiten und die Masse mit Salz, Pfeffer und Oregano kräftig würzen.

4 Mit bemehlten Händen handtellergroße Küchlein formen und in einer Pfanne in 2 EL Butterschmalz auf jeder Seite 2–3 Minuten backen. Danach warm stellen.

5 Inzwischen für die Sauce Paprikaschoten vom Kernhaus befreien, waschen und in schmale Streifen schneiden. 3 Streifen in Würfel schneiden, die übrigen Streifen 15 Minuten in heißem Butterschmalz dünsten, mit 1/8 l Wasser ablöschen.

6 Mit Paprikapulver, Salz und Pfeffer würzen und Crème fraîche hinzufügen, im Mixer pürieren.

7 Die Sauce wieder kurz erhitzen, Paprikawürfelchen dazugeben und zu den Linsenküchlein servieren.

EW	F	KH	kcal/kJ
13 g	18 g	28 g	332/1390

Dänische Möhrenpfanne

Zutaten
1 kg Kartoffeln
500 g Möhren
1 Brühwürfel mit Suppengrün
125 g saure Sahne
125 g Crème fraîche
150 g Blauschimmelkäse
1 Bd. Schnittlauch

Zubereitung

1 Kartoffeln waschen, putzen, schälen und würfeln.

2 Möhren putzen, schälen und in Stifte schneiden.

3 1/4 l Wasser in einer hohen Pfanne zum Kochen bringen. Brühwürfel hinzufügen und unter Rühren darin auflösen.

4 Kartoffel- und Möhrenstücke einschichten und bei mittlerer Hitze zugedeckt ca. 15 Minuten kochen.

5 Saure Sahne und Crème fraîche verrühren. Blauschimmelkäse klein zerbröckeln und zur Sahnemischung geben.

6 Sauce auf die Möhrenpfanne geben und alles weitere 15 Minuten kochen.

7 Schnittlauch waschen, in Röllchen schneiden, Möhrenpfanne damit bestreuen und servieren.

EW	F	KH	kcal/kJ
16 g	28 g	48 g	520/0

GEMÜSE

TIPP

Sehr schmackhaft wird die Möhrenpfanne, wenn Sie Würstchen oder Salami, klein geschnitten, oder Aufschnittreste darunter mischen. Schnittlauch kann durch Petersilie ersetzt werden. Blauschimmelkäse gibt dem Gericht ein sehr würziges Aroma. Wer es nicht so kräftig mag, kann Frischkäse in die Sahnemischung rühren.

Zutaten
4 große Kartoffeln
4 EL Öl
500 g Brokkoli
Salz
je 1 kleine grüne und rote Paprikaschote
1 Zwiebel
weißer Pfeffer
8 Eier

Gemüsepfanne mit Kartoffeln

Zubereitung

1 Kartoffeln schälen, waschen, in Spalten schneiden und mit einem Küchentuch abtrocknen.

2 Öl in einer Pfanne erhitzen. Kartoffeln darin ca. 15 Minuten braten.

3 Brokkoli putzen, waschen und in Röschen teilen. In kochendem Salzwasser 3 Minuten garen.

4 Paprika putzen, waschen und in grobe Stücke schneiden. Zwiebel schälen, in dicke Spalten schneiden. Beides nach ca. 5 Minuten zu den Kartoffeln geben und mitbraten. Gemüse dabei öfter wenden.

5 Brokkoliröschen in ein Sieb abgießen und gut abtropfen lassen. Brokkoli in die Pfanne geben und 5 Minuten unter Wenden mitbraten. Bei Bedarf nochmal mit Salz und Pfeffer abschmecken.

6 Eier und 4 EL Wasser verquirlen. Mit Salz und Pfeffer kräftig würzen. Eier über Kartoffeln und Gemüse gießen und zugedeckt weitere 5–7 Minuten stocken lassen. Auf Tellern anrichten und heiß servieren.

EW	F	KH	kcal/kJ
24 g	19 g	38 g	430/1800

Zutaten

2 Zucchini
2 kleine Auberginen
Salz
je 1 rote und gelbe Paprikaschote
1 EL Olivenöl
20 g Mandelstifte
1 Knoblauchzehe
1 rote Chilischote
1–2 EL Zitronensaft
30 ml Gemüse-Kraftbouillon
100 g Frischkäse mit Tomaten-Basilikum
einige Blätter Basilikum

Gebratenes Antipasti-Gemüse mit würzigem Dressing

Zubereitung

1 Zucchini und Auberginen putzen und in 1/2 cm dicke Scheiben schneiden.

2 Gemüsescheiben in einer beschichteten Pfanne ohne Fett bei mittlerer Temperatur von beiden Seiten goldbraun rösten. Leicht salzen und anrichten.

3 Paprika putzen, vierteln und mit Olivenöl in einer Pfanne auf der Hautseite so lange braten, bis die Haut schwarz (!) wird. Aus der Pfanne nehmen und die schwarze Seite mit einem feuchten Küchenpapier abdecken. Etwas abkühlen lassen, Haut abziehen und Paprika in Streifen schneiden, mit anderen Gemüsen anrichten.

4 Für das Dressing Mandeln in einer Pfanne ohne Fett goldgelb rösten, herausnehmen, abkühlen lassen. Knoblauchzehe abziehen, durchpressen.

5 Chilischote fein schneiden und zusammen mit Mandeln, Knoblauch, 1 EL Zitronensaft und Brühe pürieren.

6 Frischkäse unterrühren, mit Salz sowie Zitronensaft abschmecken.

7 Dressing zum gebratenen Gemüse servieren und mit Basilikumblättern garnieren.

EW	F	KH	kcal/kJ
7 g	10 g	10 g	159/668

TIPP
Schmeckt auch sehr lecker mit gerösteten Pinien- oder Kürbiskernen.

Kartoffel-Tomaten-Pfanne

Zutaten
700 g vorwiegend fest kochende Kartoffeln
300 g Zwiebeln
1 kg Tomaten
6 EL Olivenöl
Salz
Pfeffer
150 g Gouda in Scheiben
2 EL Schnittlauch, gehackt

Zubereitung

1 Geschälte Kartoffeln in Scheiben schneiden. Zwiebeln in feine Ringe schneiden. Tomaten kreuzweise einritzen, überbrühen, häuten, würfeln.

2 Öl in einer Pfanne erhitzen. Kartoffeln rundherum anbraten.

3 Zwiebeln dazugeben, salzen und pfeffern. Tomaten untermengen, zugedeckt 15 Minuten garen.

4 Mit Käsescheiben belegen, zugedeckt 10 Minuten schmelzen lassen. Mit Schnittlauch bestreuen.

EW	F	KH	kcal/kJ
16 g	34 g	39 g	525/2198

Scharfe Auberginenröllchen

Zutaten
2 längliche Auberginen (ca. 600 g)
ca. 100 ml Olivenöl
Salz
Pfeffer
200 g Schafskäse
150 g Frischkäse mit Paprika und Peperoni
100 g getrocknete, in Öl eingelegte Tomaten, abgetropft
1–2 Stängel Pfefferminze

Zubereitung

1 Auberginen der Länge nach in 1 cm dünne Scheiben schneiden. Im heißen Öl in einer beschichteten Pfanne von beiden Seiten braten, auf Küchenpapier legen und gut abtropfen lassen. Mit Salz und Pfeffer würzen.

2 Schafskäse in Streifen schneiden.

3 Auberginenscheiben mit Frischkäse bestreichen. Mit Schafskäse, Tomaten und jeweils 1–2 Pfefferminzeblättchen belegen und aufrollen.

4 Mit kleinen Stickern aus Holz fixieren.

EW	F	KH	kcal/kJ
12 g	52 g	5 g	530/2226

TIPP
Mit knusprigem Baguette oder kräftigem Bauernbrot servieren.

Rosenkohlpfanne mit Speck

Zutaten
750 g Rosenkohl
Salz
100 g durchwachsener Speck
300 g Möhren
2 Zwiebeln
150 ml Brühe (Instant)
50 g Kräuterbutter
Muskat
Pfeffer, frisch gemahlen

Zubereitung

1 Rosenkohl putzen, waschen und in Salzwasser 10 Minuten vorgaren.
2 Speck in Streifen schneiden.
3 Möhren putzen, schälen und hacken.
4 Speck ohne Fett in einer Pfanne zerlassen und herausnehmen.
5 Rosenkohl, Zwiebeln und Möhren im Bratfett andünsten. Brühe zugießen und weitere 10 Minuten zugedeckt dünsten.
6 Zum Schluss Kräuterbutter untermischen. Mit Salz, Muskat und Pfeffer abschmecken.

EW	F	KH	kcal/kJ
11 g	30 g	10 g	358/1496

Kartoffelpuffer mit Matjestartar

Zutaten
250 g Matjesfilet
2 Gewürzgurken
2 TL Kapern
2 Zwiebeln
2 Scheiben eingelegte Rote Bete
8 Kartoffelpuffer (tiefgekühlt)
4 EL Öl
400 g Kräuter-Knoblauch-Dip (Fertigprodukt)

Zubereitung

1 Matjesfilet abtropfen lassen und fein hacken.
2 Gurken und Kapern fein wiegen. Zwiebeln in Ringe und Rote Bete in Würfel schneiden. Zerkleinerte Zutaten miteinander mischen.
3 Kartoffelpuffer in Öl ausbraten. Matjestartar zusammen mit Kräuter-Knoblauch-Dip auf den Kartoffelpuffern anrichten.

EW	F	KH	kcal/kJ
19 g	42 g	49 g	656/2755

Geröstete Austernpilze

Zutaten
1 kg Austernpilze
8–10 Knoblauchzehen
80 g Butter
Salz
Pfeffer
Baguette und Salat als Beilage

Zubereitung

1 Pilze küchenfertig vorbereiten, Stiele unterhalb der Hüte abschneiden. Knoblauchzehen schälen, in feine Blättchen schneiden.

2 Ein kleines Stück Butter in einer Pfanne zerlassen, Pilzhüte und etwas Knoblauch auf beiden Seiten knusprig braten.

3 Die Pilze aus der Pfanne nehmen. So weiterverfahren, bis alle Pilze knusprig geröstet sind.

4 Pilze mit den Lamellen nach oben auf ein Backblech legen, leicht mit Salz und Pfeffer würzen, zum Erwärmen einige Minuten ins heiße Backrohr bei 150 Grad schieben.

5 Mit Baguette und Salat servieren.

EW	F	KH	kcal/kJ
8 g	18 g	16 g	253/1059

GEMÜSE

Gebratene Kürbisspalten mit scharfer Tomatensauce

Zutaten
1 Zwiebel
1–2 Knoblauchzehen
6 EL Olivenöl
1 kleine grüne Chilischote
250 g Tomaten
Salz
1 Prise Zucker
1 kg Hokaido-Kürbis, geschält, ohne Kerne
2 EL Mehl
Pfeffer
2 Stängel glatte Petersilie oder Koriander
einige Spritzer Limettensaft

Zubereitung

1 Für die Tomatensauce Zwiebel und Knoblauch abziehen, fein würfeln und in 1 EL heißem Olivenöl andünsten.

2 Chilischote entkernen, fein hacken.

3 Tomaten heiß überbrühen, Haut abziehen, Stiele entfernen, Tomatenfleisch würfeln. Mit Chilistückchen zur Zwiebelmischung geben.

4 Sauce offen in ca. 15 Minuten dicklich einkochen lassen. Mit Salz und Zucker abschmecken.

5 Kürbis in 1–2 cm dicke Spalten schneiden. Mit Mehl bestäuben und portionsweise in einer beschichteten Pfanne in restlichem Olivenöl von beiden Seiten je ca. 5 Minuten hellbraun braten. Mit Salz und Pfeffer würzen. Petersilie bzw. Koriander von den Stängeln zupfen, grob hacken. Über die Kürbisspalten streuen und kurz mitbraten. Mit Limettensaft beträufeln.

6 Kürbisspalten heiß zur Tomatensalsa servieren.

EW	F	KH	kcal/kJ
5 g	20 g	18 g	269/1130

Nudeln und Reis

Gebratene Nudeln mit Entenbrust (Abb. S. 67)

Zutaten
2 Entenbrüste (à 200 g)
30 g Ingwer
2 Knoblauchzehen
2 Chilischoten
1 rote Paprikaschote
1 gelbe Paprikaschote
1 Bd. Lauchzwiebeln
3 EL Sesamöl
2 EL Sonnenblumenöl
250 g chinesische Eiernudeln
200 g Zuckerschoten
60 ml Sojasauce
1/8 l Gemüsebrühe (Instant)
50 g Rettichsprossen (ersatzweise Sojasprossen)

Zubereitung

1 Entenhaut rautenförmig einschneiden.

2 Ingwer, Knoblauchzehen und Chilis hacken, Paprikaschoten und Lauchzwiebeln in breite Streifen schneiden.

3 Öl in einem Wok erhitzen und Entenbrüste mit der Haut nach unten bei schwacher Hitze knusprig anbraten, nach ca. 10 Minuten wenden und 3 Minuten fertig garen. Entenbrüste herausnehmen und ruhen lassen.

4 Eiernudeln nach Packungsanweisung zubereiten.

5 Überschüssiges Öl aus dem Wok abgießen. Ingwer, Knoblauchzehen, Chilis, Paprikaschoten, Lauchzwiebeln und Zuckerschoten in dem Wok anbraten, mit der Sojasauce ablöschen, mit Gemüsebrühe auffüllen und mit Nudeln vermengen.

6 Gebratene Entenbrüste in breite Streifen schneiden, vorsichtig unterheben und nochmals kurz erhitzen. Rettichsprossen als Dekoration darüber streuen.

EW	F	KH	kcal/kJ
30 g	38 g	55 g	685/2865

Feinschmecker-Spagetti

Zutaten
500 g Spagetti
250 g grüner Spargel
250 g weißer Spargel
1 rote Zwiebel
4 EL Öl
1/8 l Weißwein
1 TL Zitronensaft
Salz
Pfeffer
1 Bd. Basilikum
150 g Räucherlachs
2 EL Pinienkerne

Zubereitung

1 Spagetti nach Packungsanweisung garen, abgießen und abtropfen lassen.

2 Grünen Spargel putzen, weißen Spargel putzen und schälen, die unteren Teile großzügig abschneiden. Alle Spargelstangen in 3 cm lange Stücke schneiden. Zwiebel abziehen, in feine Würfel schneiden und in heißem Öl glasig dünsten. Spargel zugeben und Wein angießen.

3 Gemüse 10–12 Minuten mit geschlossenem Deckel dünsten. Mit Zitronensaft, Salz und Pfeffer abschmecken. Basilikum waschen, trockentupfen, fein hacken und untermischen.

4 Räucherlachs in feine Streifen schneiden, mit Pinienkernen und Spagetti zum Spargel geben und kurz erhitzen. Mit Basilikum garniert servieren.

EW	F	KH	kcal/kJ
31 g	25 g	86 g	715/2991

Bunte Nudel-Gemüsepfanne

Zutaten
500 g Nudeln
1 rote Paprikaschote
1 Zucchini
1/2 Aubergine
150 g Champignons
2 Möhren
1 Knoblauchzehe
1 Zwiebel
2 EL Öl
50 g Mais (Dose)
1 Glas pikante Sauce (Fertigprodukt)
Salz
Pfeffer
Chili, gemahlen
200 g Schafskäse

Zubereitung

1 Nudeln nach Packungsanweisung zubereiten.

2 Paprikaschote halbieren, putzen und waschen. Zucchini und Aubergine waschen und putzen. Champignons evtl. waschen und putzen, Möhren schälen und waschen. Paprika in Streifen schneiden, Zucchini und Aubergine würfeln, Champignons und Möhren in Scheiben schneiden.

3 Knoblauch und Zwiebel abziehen, würfeln und in heißem Öl andünsten. Gemüse und Mais hinzugeben, etwas Wasser angießen und bei milder Hitze ca. 5 Minuten garen. Pikante Sauce zufügen, etwas einkochen lassen, mit Salz, Pfeffer und Chili pikant würzen.

4 Schafskäse würfeln und zusammen mit den Nudeln unterheben.

EW	F	KH	kcal/kJ
34 g	27 g	95 g	777/3251

Hörnchen-Gemüsepfanne

Zutaten
250 g Hörnchennudeln
4 TL Öl
4 Eier
Salz
Pfeffer
20 g Butter
200 g Cocktailtomaten oder 4 Tomaten, gewaschen
1 Kästchen Kresse

Zubereitung

1 Nudeln in Salzwasser mit Öl bissfest garen. Abgießen, gut abtropfen lassen.

2 Eier mit Wasser, Salz und Pfeffer verquirlen.

3 Pfanne mit Butter ausstreichen, erhitzen, Eier hineingießen. Nudeln darauf geben, bei milder Hitze zugedeckt stocken lassen.

4 Gemüsepfanne vor dem Servieren mit Tomatenvierteln und Kresseblättchen bestreuen.

EW	F	KH	kcal/kJ
14 g	21 g	46 g	426/1790

Zutaten
400 g Austernpilze
3 Tomaten
1 Bd. Petersilie
3 Zweige Thymian
1 Bd. Schnittlauch
16 Salbeiblätter
2 Knoblauchzehen
400 g Bandnudeln
Salz
1 EL Butter zum Anbraten
5 cl trockener Weißwein
5 cl italienischer Wermut
100 g kalte Butter
25 g Sahne
schwarzer Pfeffer aus der Mühle

Breite Bandnudeln mit Austernpilzen

Zubereitung

1 Austernpilze putzen, Stiele entfernen, Hüte in Streifen schneiden.

2 Tomaten oben einritzen, mit kochendem Wasser übergießen, kalt abschrecken, häuten, entkernen und fein würfeln.

3 Petersilie waschen, Blätter von den Stängeln streifen, hacken. Thymian, Schnittlauch und Salbeiblätter waschen, klein schneiden. Knoblauch schälen, fein hacken.

4 Bandnudeln in reichlich Salzwasser bissfest kochen.

5 Inzwischen Pilze in Butter anbraten. Tomaten, Kräuter und Knoblauch dazugeben. Mit Weißwein und Wermut ablöschen, etwas einkochen lassen.

6 Butter in kleine Würfel schneiden. Butterstückchen einrühren, Sahne dazugeben und mit Salz und Pfeffer abschmecken.

7 Bandnudeln mit der Sauce vermengen und sofort heiß servieren.

TIPP

Frische Austernpilze sind zart und haben unversehrte Hüte. Die kurzen Stiele sollte man entfernen, denn sie sind relativ zäh. Austernpilze halten sich im Gemüsefach des Kühlschranks ca. 3 Tage.

EW	F	KH	kcal/kJ
19 g	30 g	90 g	475/3260

Risotto mit Gemüse

Zubereitung

1 Zwiebeln und Knoblauch schälen und fein hacken.

2 Olivenöl erhitzen, Zwiebeln, Knoblauch und Risotto-Reis darin glasig dünsten. Weißwein angießen, alles aufkochen lassen, Rinderbrühe zufügen.

3 Stangensellerie waschen, in Scheiben schneiden, Pilze putzen, wenn nötig waschen, in Scheiben schneiden, Möhren waschen, schälen, in feine Stifte schneiden, Spargel schälen, holzige Enden entfernen, Spargel in 2 cm lange Stücke schneiden.

4 Gemüse zum Reis geben, alles vermischen und 30–35 Minuten bei mittlerer Hitze garen, bis die Flüssigkeit ganz aufgesogen und der Reis gar ist.

5 Zum Schluss Parmesan und fein geschnittenes Basilikum hinzufügen.

EW	F	KH	kcal/kJ
20 g	25 g	62 g	620/2592

Zutaten

2 kleine Zwiebeln
2 Knoblauchzehen
3 EL Olivenöl
300 g Risotto-Reis
1/4 l trockener Weißwein
1 l Rinderbrühe (Instant)
100 g Stangensellerie
250 g Champignons
300 g Möhren
300 g Spargel
100 g Parmesan, gerieben
1 Bd. Basilikum

Deftige Nudelpfanne

Zutaten
500 g Nudeln
Salz
100 g magerer Speck, in dünne Scheiben geschnitten
500 g Steinpilze, geputzt, in Stücke geschnitten
Pfeffer
200 g Schmelzkäse
200 g Sahne
1/2 Bd. Petersilie

Zubereitung

1 Nudeln in Salzwasser bissfest kochen.

2 Inzwischen Speck in einer Pfanne kross anbraten, herausnehmen und im ausgelassenen Fett Pilze anbraten, leicht salzen und pfeffern. Speck warm stellen.

3 Schmelzkäse mit Sahne erwärmen und unter Rühren schmelzen lassen.

4 Nudeln abschrecken, abtropfen lassen und zu den Pilzen geben. Käsesauce darüber geben, kurz erhitzen. Speck zugeben und Nudelpfanne mit gehackter Petersilie bestreuen.

EW	F	KH	kcal/kJ
32 g	41 g	90 g	866/3637

Neapolitanischer Reis

Zutaten
250 g Langkornreis
3 Zwiebeln, geschält, in feine Würfel geschnitten
je 1 gelbe und grüne Paprikaschote, gewaschen, in Streifen geschnitten
2 Möhren, geschält, in Scheiben geschnitten
2 Stangen Staudensellerie, gewaschen, in Streifen geschnitten
3 Tomaten, gewaschen, in Würfel geschnitten
2 EL Butter
150 g Erbsen (tiefgekühlt)
1 TL Thymian
Salz
Pfeffer
700 g Tomaten (Dose)
Zucker
einige Basilikumblättchen

Zubereitung

1 Reis nach Packungsanweisung zubereiten.

2 Zwiebeln in Butter glasig dünsten.

3 Vorbereitetes Gemüse, Erbsen und Thymian zugeben, mit Salz und Pfeffer würzen, 10 Minuten schmoren.

4 Dosentomaten pürieren. Gegarten Reis und pürierte Tomaten unterheben, Gemüse-Reis-Pfanne nochmals erhitzen, mit Salz, Pfeffer und Zucker abschmecken. Mit geschnittenen Basilikumblättchen bestreut servieren.

EW	F	KH	kcal/kJ
8 g	5 g	59 g	380/1590

Exotische Reispfanne

Zubereitung

1 Reis in 1/2 l Salzwasser garen, ausdämpfen und kalt werden lassen.

2 Paprika waschen, in feine Streifen schneiden. Frühlingszwiebeln waschen und mit dem Grün in Ringe schneiden. Mais abtropfen lassen.

3 Tofu oder Fleisch in dünne Streifen schneiden. Ingwer und Knoblauch schälen und fein hacken.

4 Sonnenblumenkerne in einer großen Pfanne in 2 EL Öl goldbraun rösten, herausnehmen, salzen und beiseite stellen.

5 1 EL Öl in die Pfanne geben, Tofu oder Fleisch mit Ingwer und Knoblauch unter Rühren scharf anbraten, herausnehmen und warm halten.

6 3 EL Öl in die Pfanne geben, den Reis 5 Minuten unter Wenden braten. Gemüsebrühe mit Sojasauce und Sambal Oelek in einem Topf verrühren. Paprikastreifen, Zwiebelringe und aufgetaute Erbsen zum Reis geben, 3 Minuten mitbraten, mit der Brühemischung ablöschen. Mais, Tofu oder Fleisch hinzugeben.

7 Die Sonnenblumenkerne zum Bratreis geben und servieren.

EW	F	KH	kcal/kJ
16 g	10 g	76 g	480/2005

Zutaten

250 g Langkornreis
Salz
1 rote Paprikaschote
3 Frühlingszwiebeln
1 Dose Maiskölbchen
400 g Tofu oder Putenschnitzel
2 cm frische Ingwerwurzel
1 Knoblauchzehe
50 g Sonnenblumenkerne
6 EL Sonnenblumenöl
50 ml Gemüsebrühe (Instant)
2 EL Sojasauce
1/2 TL Sambal Oelek
150 g Erbsen (tiefgekühlt)

Nudelpfanne mit Geflügelleber

Zutaten
300 g Eier-Sputniks
Salz
400 g Geflügelleber
2 EL Öl
Pfeffer
2 kleine Lauchstangen
1 rote Paprikaschote
1/2 TL gekörnte Brühe
Basilikum, gehackt

Zubereitung

1 Eier-Sputniks nach Packungsaufschrift in Salzwasser garen.

2 Geflügelleber in Streifen schneiden und in einer Pfanne im heißen Öl braten. Salzen und pfeffern. Leber herausnehmen und warm stellen.

3 Lauch in dünne Scheiben, Paprika in dünne Streifen schneiden und in der Pfanne 3-4 Minuten dünsten. Mit gekörnter Brühe würzen.

4 Nudeln abtropfen lassen, mit der Leber an das Gemüse geben und kurz durchschwenken. Mit Basilikum bestreuen.

EW	F	KH	kcal/kJ
35 g	11 g	58 g	476/1990

Gebratene Nudeln mit Putenbrustfilet und Gemüse

Zutaten
500 g Putenbrust
1 Knoblauchzehe
2 cm frischer Ingwer
2 Chilischoten
9 EL Sojasauce
1 EL Speisestärke
8 EL Öl
3 mittelgroße Möhren
1/2 kleiner Chinakohl
1 Stange Lauch
250 g Eiernudeln
150 g Sojasprossen
1/8 l Geflügelbrühe (Instant)
Sojasauce zum Abschmecken
2 Eier

Zubereitung

1 Putenbrust würfeln.

2 Knoblauchzehe schälen und hacken, Ingwer raspeln, Chilischoten längs halbieren und entkernen.

3 Sojasauce mit Speisestärke glatt rühren. Knoblauch, Ingwer, Chilischoten und 1 EL Öl zugeben und das Fleisch darin mindestens 15 Minuten marinieren.

4 Möhren in feine und Chinakohl in grobe Streifen schneiden, Lauch in Ringe schneiden.

5 Eiernudeln nach Packungsanweisung garen und beiseite stellen.

6 7 EL Öl im Wok oder in einer großen Pfanne erhitzen, zuerst Fleisch, dann Gemüse nacheinander anbraten. Nudeln und Sojasprossen zum Schluss dazugeben und kurz mitbraten. Mit Geflügelbrühe ablöschen, mit Sojasauce abschmecken.

7 Eier aufschlagen, verrühren und unterrühren, nicht mehr kochen lassen. Gericht sofort servieren.

EW	F	KH	kcal/kJ
49 g	39 g	52 g	757/3165

Pikante Mehl- und Eierspeisen

Pfannkuchen mit grünem Spargel und Hähnchenbrust

(Abb. S. 75)

Zutaten
750 g grüner Spargel
Salz
Zucker
4 Eier
200 ml Milch
1 Prise Salz
200 g Mehl
2 EL Schnittlauchröllchen
300 g Hähnchenbrustfilet
Pfeffer
4 EL Mehl
3 EL Butterschmalz
150 g Sahne
50 g Butter zum Braten

Zubereitung

1 Spargel abspülen, das untere Drittel schälen, Enden abschneiden. Wasser mit je 1/2 TL Salz und Zucker zum Kochen bringen. Spargel darin 8–10 Minuten garen. Herausnehmen, abtropfen lassen und warm stellen.

2 Eier, Milch und Salz verrühren. Mehl und Schnittlauch untermischen. Teig 30 Minuten ruhen lassen.

3 Hähnchenbrustfilet in Streifen schneiden, mit Salz und Pfeffer würzen und in Mehl wenden.

4 Butterschmalz erhitzen und Fleisch darin rundherum anbraten. Sahne angießen und sämig einköcheln lassen. Zugedeckt warm stellen.

5 Aus dem Teig 4–6 Pfannkuchen in Butter goldgelb backen.

6 Spargel und Hähnchenfleisch gleichmäßig auf die Pfannkuchen verteilen und darin einschlagen.

EW	F	KH	kcal/kJ
34 g	34 g	43 g	608/2554

Kerbelomelett

Zutaten
1 Bd. frischer oder 1 EL getrockneter Kerbel
1 Bd. Petersilie
8 Eier
Salz
weißer Pfeffer
40 g Butter
2 Tomaten

Zubereitung

1 Kerbel und Petersilie waschen, trockentupfen. Fein hacken.

2 Eier verquirlen, mit Salz und Pfeffer würzen. Kräuter in die Eiermasse geben.

3 10 g Butter in einer Pfanne schwach erhitzen. 1/4 der Eiermasse hineingeben.

4 Bei schwacher Hitze stocken lassen. Pfanne während des Backens häufig schütteln.

5 Omelett überklappen und auf einen Teller gleiten lassen. Warm stellen, bis die anderen 3 Omeletts fertig sind. Tomaten waschen, vierteln. Omeletts damit garnieren.

EW	F	KH	kcal/kJ
14 g	21 g	2 g	251/1049

Eierpfanne mit Gemüse

(für 2 Personen)

Zutaten
1 Bd. Frühlingszwiebeln
1 rote Paprikaschote
2 EL Butter
4 EL Erbsen
6 Eier
Salz
Pfeffer
2 EL Petersilie, gehackt

Zubereitung

1 Frühlingszwiebeln putzen, waschen und in 1 cm breite Stücke schneiden.

2 Paprikaschote putzen, waschen und in Streifen schneiden.

3 Butter erhitzen, Paprika und Zwiebeln unter Rühren darin glasig braten.

4 Die Erbsen hinzufügen und 2 Minuten mitbraten lassen.

5 Eier mit einer Gabel nur so verrühren, dass die Eidotter aufspringen; über das Gemüse gießen und mit Salz und Pfeffer würzen.

6 Eier bei mittlerer Hitze stocken lassen, bis das Eiweiß glasig fest ist. Dabei die Eier nicht umrühren.

7 Eierpfanne mit gehackter Petersilie bestreuen und sofort servieren.

EW	F	KH	kcal/kJ
20 g	26 g	10 g	370/1550

Zutaten
100 g Mandeln, gestiftelt
1 Bd. Schnittlauch
250 g Brie
10 Eier
4 EL Schlagsahne
Salz
weißer Pfeffer
40 g Butter
1 EL Öl

Omelett mit Mandeln und Brie

Zubereitung

1 Mandelstifte in einer Pfanne ohne Fett unter Rühren rösten, anschließend auf einen Teller geben und abkühlen lassen.

2 Schnittlauch waschen, trockenschütteln und schräg in Röllchen schneiden. Brie mit einem scharfen Messer in 12 Scheiben schneiden, dabei das Messer nach jedem Schnitt in heißes Wasser tauchen.

3 Eier und Sahne verquirlen, salzen und pfeffern. Die Hälfte der Schnittlauchröllchen unterrühren. Butter und Öl in einem kleinen Topf zerlassen.

4 Jeweils 1 EL Butter-Öl in einer beschichteten Pfanne (Durchmesser 24 cm) erhitzen. Eier durchrühren und 1/4 der Eiermasse in der Pfanne verlaufen lassen und bei mittlerer Hitze 2 Minuten braten, dabei die Pfanne rütteln, damit das Omelett nicht ansetzt. Wenn das Omelett am Rand stockt, mit 1 TL Mandelstiften bestreuen und 3 Scheiben Brie auf eine Hälfte des Omeletts legen, andere Hälfte darüber klappen. Bei mittlerer Hitze 1 weitere Minute backen, aus der Pfanne nehmen und im heißen Backofen bei 50 Grad warm halten.

5 Auf diese Weise 3 weitere Omeletts backen. Mit übrigem Schnittlauch und restlichen Mandelstiften bestreut servieren.

TIPP
Servieren Sie zu den Omeletts Orangenspalten und Toastbrot. Die Omeletts schmecken auch mit anderen Käsesorten.

EW	F	KH	kcal/kJ
35 g	68 g	4 g	762/3201

Altberliner Speckeierkuchen

Zutaten
250 g Mehl
1/2 l Weißbier
6 Eier
Salz
1 Msp. Muskatnuss
1 Msp. Backpulver
100 g fetter Speck, fein gewürfelt

Zubereitung

1 Mehl mit Weißbier glatt rühren.

2 Eier, Gewürze und Backpulver unterschlagen.

3 25 g Speckwürfel in einer Pfanne knusprig anbraten, mit 1/4 des Teiges begießen und einen Eierkuchen zubereiten.

4 Die anderen 3 Eierkuchen ebenso backen.

EW	F	KH	kcal/kJ
16 g	25 g	11 g	344/1439

Herzhafte Crêpes

Zutaten
1/8 l Milch
1 Ei
3 gehäufte EL Mehl
1/4 TL Salz
2 Frühlingszwiebeln
1 Packung Frischkäse
Salz
Pfeffer
100 g Räucherlachs, in feine Scheiben geschnitten
Fett zum Ausbacken

Zubereitung

1 Milch mit Ei verquirlen. Mehl mit Salz unterrühren, dann den Teig 30 Minuten ruhen lassen.

2 Frühlingszwiebeln putzen, waschen und in feine Ringe schneiden. Frischkäse unterrühren, mit Salz und Pfeffer würzen.

3 Eine beschichtete Pfanne leicht fetten. Darin nacheinander 4 dünne Crêpes backen und mit Frischkäsemasse bestreichen. Lachsstreifen darauf verteilen und Crêpes zu Vierteln falten.

4 Sofort servieren.

EW	F	KH	kcal/kJ
16 g	25 g	11 g	344/1439

TIPP
Klein geschnittene Gurken oder Paprika unter den Frischkäse mischen.

Zutaten
200 g Mehl
7 EL Haselnüsse, gehackt
1/8 l Mineralwasser
1/4 l Milch
3 Eier
1 Prise Salz
2 EL Öl
500 g Kohlrabi
1 Würfel klare Gemüsesuppe
1 EL Butter
2 EL Mehl
20 g Crème fraîche
2 EL Petersilie, gehackt
150 g Mozzarella, gewürfelt

Gefüllte Nusspfannkuchen

Zubereitung

1 Aus Mehl, Nüssen, Mineralwasser, Milch, Eiern und Salz einen Pfannkuchenteig herstellen.

2 In heißem Öl 8 dünne Pfannkuchen backen.

3 Kohlrabi putzen, schälen, in kleine Stücke schneiden.

4 Knapp 1/2 l Wasser zum Kochen bringen und Suppenwürfel darin auflösen. Kohlrabistücke dazugeben und 10 Minuten kochen; abgießen, Kochflüssigkeit aufheben.

5 Butter erhitzen, Mehl dazugeben und anschwitzen. Mit Kochflüssigkeit aufgießen und Crème fraîche unterrühren. Petersilie und Kohlrabistücke hinzufügen.

6 Kohlrabiragout auf die Pfannkuchen verteilen, aufrollen und nebeneinander in eine Auflaufform schichten.

7 Mozzarellawürfel darüber geben und im Ofen bei 220 Grad 15 Minuten überbacken.

EW	F	KH	kcal/kJ
28 g	43 g	54 g	715/2995

Zutaten
8 dünne Scheiben Schinkenspeck
60–80 g Butter
8 Eier
6 EL Milch
Salz
Pfeffer

Rühreier mit Speck

Zubereitung

1 Schinkenspeck in die heiße Butter geben und auf beiden Seiten knusprig braten. Herausnehmen, warm stellen.

2 Eier mit Milch verquirlen, mit Salz und Pfeffer würzen und in die Pfanne geben.

3 Bei schwacher Hitze unter Rühren flockig werden lassen. Noch weich von der Herdplatte nehmen, da die Eiermasse noch anzieht. Auf die Speckscheiben verteilen.

EW	F	KH	kcal/kJ
17 g	45 g	2 g	503/2104

Zutaten
1–2 Knoblauchzehen
1 Bd. Schnittlauch
1 großes Bd. glatte Petersilie
1/2 Bd. Dill
200 g Frischkäse mit Kräutern
200 g Magerquark
Salz
Pfeffer
12 Yufka-Teigblätter (dreieckige dünne Teigblätter aus dem türkischen Laden)
4–5 EL Olivenöl
schwarzer und weißer Sesam zum Bestreuen

Yufkaröllchen mit Frischkäse-Kräuter-Füllung

Zubereitung

1 Knoblauchzehen abziehen und fein hacken. Schnittlauch waschen, in feine Röllchen schneiden. Petersilie und Dill abspülen, von den Stängeln zupfen, trockentupfen und sehr fein hacken.

2 Für die Füllung Frischkäse, Quark, Knoblauch und Kräuter verrühren und mit Salz und Pfeffer pikant würzen.

3 Die Teigdreiecke nebeneinander auf die Arbeitsplatte legen und mit Wasser bepinseln.

4 Auf die breite Seite je ca. 1 EL Füllung geben, die Seiten einklappen und von dort zur Spitze hin fest aufrollen.

5 Öl in einer beschichteten Pfanne erhitzen. Die Teigröllchen bei mittlerer Hitze knusprig braten (geht schnell, aufpassen, dass der Teig nicht zu dunkel wird!).

6 Yufkaröllchen aus der Pfanne nehmen und gleich mit Sesam bestreuen. Sofort servieren.

EW	F	KH	kcal/kJ
17 g	27 g	40 g	465/1953

TIPP
Probieren Sie auch einmal Frischkäse mit Oliven – pikant und lecker.

Pfannkuchen mit Blattspinat

Zutaten
300 g Blattspinat (tiefgekühlt)
1 EL Butter
Salz, Pfeffer, Muskat
60 g Doppelrahm-Frischkäse, 150 g Mehl
200 ml Milch, 2 Eier
1 EL Petersilie, gehackt
3 EL Sonnenblumenöl
1 Beutel Pasta-Sauce (Fertigprodukt)
50 g Gorgonzola

TIPP
Wer es herzhafter möchte, kann klein geschnittenen Schinken in die Spinatfüllung geben.

Zubereitung

1 Blattspinat auftauen lassen, in Butter andünsten, mit Salz, Pfeffer und Muskat würzen. Frischkäse unterrühren und etwas abkühlen lassen.

2 Mehl, Milch und Eier verrühren, mit Salz und Pfeffer würzen. Petersilie unterrühren und Teig ca. 30 Minuten ruhen lassen.

3 In Sonnenblumenöl 8 dünne Pfannkuchen ausbacken. Spinat-Käsefüllung auf Pfannkuchen verteilen, diese in Viertel übereinander schlagen und in eine flache Auflaufform legen.

4 1/4 l Wasser erwärmen. Pasta-Sauce einrühren, zum Kochen bringen und bei geringer Wärmezufuhr 5 Minuten kochen. Dabei gelegentlich umrühren.

5 Gorgonzola durch ein Sieb in die Sauce streichen und alles auf die Pfannkuchen geben. Im vorgeheizten Ofen bei 200 Grad ca. 10 Minuten überbacken.

EW	F	KH	kcal/kJ
16 g	34 g	35 g	510/2130

Omelett mit Spargel in Käsesauce

Zubereitung

1 Vom Spargel die unteren Enden abschneiden, Stangen waschen und evtl. schälen. In kochendem Salzwasser mit Zucker ca. 15 Minuten garen.

2 Eier mit 1 Prise Salz verrühren.

3 30 g Butter in einer Pfanne erhitzen, 1/4 der Eimasse in das heiße Fett geben, Unterseite stocken lassen, aber nicht bräunen. Die Oberseite soll leicht feucht sein und glänzen. Restliche Omeletts genauso zubereiten.

4 Tomaten waschen, überbrühen, häuten, entkernen und klein würfeln.

5 Sauce hollandaise anrühren und unter Rühren langsam aufkochen.

6 Restliche Butter in Stückchen bei schwacher Hitze nach und nach unterschlagen, bis sie geschmolzen ist. Käse hinzufügen und unter Rühren schmelzen lassen. Tomatenwürfel hinzufügen.

7 Spargel abtropfen lassen. Spargel und Käsesauce auf die Omeletts verteilen, Omeletts einschlagen und auf vorgewärmten Tellern servieren.

EW	F	KH	kcal/kJ
14 g	42 g	3 g	468/1957

Zutaten

1 kg grüner Spargel
Salz
1 Prise Zucker
8 Eier
180 g Butter
2 Tomaten
2 Beutel Sauce hollandaise (Fertigprodukt)
100 g Gouda, gehobelt

TIPP

Schmeckt auch sehr gut mit weißem Spargel, den man allerdings schälen muss. Als Beilage servieren Sie Salzkartoffeln.

Pfannkuchen mit Huhn

Zutaten
1 Bd. Suppengrün
Salz
2 Hühnerbrüstchen (tiefgekühlt)
2 EL Butter
1 Zwiebel
1/4 Sellerieknolle
300 g Mehl
1 TL Currypulver
1/4 l Hühnerbrühe (Instant)
Saft von 1/2 Zitrone
weißer Pfeffer
4 EL Rosinen
1/4 l Milch
3 Eier
125 g Fett zum Braten

Abb. 1

Abb. 2

Abb. 3

Zubereitung

1 Suppengrün waschen, putzen, in 1/2 l Salzwasser geben, zum Kochen bringen. Hühnerbrüstchen unaufgetaut dazugeben, ca. 30 Minuten garen. Dann das Fleisch in Würfel schneiden, in heißer Butter anbraten. Fein geschnittene Zwiebel und Sellerieknolle mitbraten. 50 g Mehl und Currypulver darüber stäuben, unterrühren, mit heißer Hühnerbrühe aufgießen. 10–15 Minuten kochen lassen. Mit Salz, Zitronensaft und Pfeffer abschmecken.

2 Rosinen waschen, dazugeben, kurz mitkochen. Warm stellen.

3 Restliches Mehl in eine Schüssel sieben. In die Mitte eine Mulde drücken. Milch, 1 TL Salz und Eier hineingeben. Von innen nach außen zu einem Teig rühren.

4 Nacheinander Pfannkuchen braten: In einer Pfanne etwas Fett erhitzen, mit einem Schöpflöffel wenig Teig hineingeben (Abb. 1). Mit kreisenden Bewegungen den Teig gleichmäßig verteilen. Nach ca. 5 Minuten den Pfannkuchen mit einem Teigschaber wenden (Abb. 2). Auf beiden Seiten goldbraun braten. Zusammengeklappt warm stellen (Abb. 3), bis der ganze Teig aufgebraucht ist.

5 Jeweils die Hälfte der Pfannkuchen füllen, die andere darüber schlagen.

EW	F	KH	kcal/kJ
35 g	41 g	80 g	854/3570

TIPP
Verwenden Sie zum Braten der Pfannkuchen eine beschichtete Pfanne.

Kräuter-Crêpes mit Gemüse-Brie-Füllung

Zutaten
3 Eier
200 ml Milch
50 g Butter
150 g Mehl
Salz
Pfeffer
1 Prise Muskat
3 Stängel Petersilie
1 Bd. Schnittlauch
65 g Butterschmalz
400 g Brokkoli
150 g Champignons
1 Zwiebel
2 Tomaten
150 g Brie
100 ml Weißwein

Zubereitung

1 Eier in einer Schüssel mit Milch verrühren. Butter in einer kleinen Pfanne zerlassen. Mehl nach und nach mit dem Schneebesen unter die Eiermilch rühren, ohne dass Klümpchen entstehen. Salz, Pfeffer, Muskat und flüssige Butter dazugeben.

2 Petersilie und Schnittlauch waschen, abtropfen lassen, fein hacken und unterrühren.

3 40 g Butterschmalz beiseite legen, vom restlichen Butterschmalz einige Flocken in einer Pfanne zerlassen.

4 1/4 des Teiges eingießen, verstreichen, so dass der Pfannenboden dünn überzogen ist. Crêpes beidseitig goldbraun backen.

5 Gemüse putzen, Zwiebel und entkernte Tomaten würfeln, Champignons halbieren. Brie klein schneiden. Brokkoli in Röschen schneiden, 3–4 Minuten in Salzwasser blanchieren, abschrecken. Zwiebeln in 40 g Butterschmalz anschwitzen. Champignons zugeben, anbraten und mit Wein ablöschen. Restliches Gemüse und Brie unterheben, würzen.

6 Crêpes damit füllen, zusammenklappen und im vorgeheizten Ofen bei 180 Grad ca. 10 Minuten knusprig backen.

EW	F	KH	kcal/kJ
20 g	47 g	34 g	661/2776

Lachs-Pfannkuchenroulade

Zutaten
90 g Weizenmehl
Salz
65 g Dickmilch
Mineralwasser
1 Ei
2 EL Olivenöl
200 g Lachsforellenfilet
Saft von 1 Zitrone
1 EL Walnussöl
weißer Pfeffer
75 g Rucola
100 g Frischkäse
125 g Kirschtomaten, halbiert

Zubereitung

1 Mehl mit 1 Prise Salz, Dickmilch und 65 ml Mineralwasser verrühren. Ei hinzufügen und durchrühren. Teig 20 Minuten quellen lassen.

2 1 EL Olivenöl in einer kleinen Pfanne erhitzen und 1 Suppenkelle Teig hineingießen. Pfannkuchen beidseitig goldbraun backen. Mit restlichem Teig ebenso verfahren.

3 Angefrorenes Fischfilet in dünne Scheiben schneiden.

4 Aus Zitronensaft, Walnussöl, Salz und Pfeffer eine Marinade rühren. Mit der Hälfte der Marinade den Fisch beträufeln.

5 Rucola waschen und trockenschütteln. Frischkäse mit wenig Mineralwasser cremig rühren und auf die Pfannkuchen streichen. Mit den Fischscheiben sowie etwas Rucola belegen und stramm aufrollen.

6 Kirschtomaten mit restlichem Rucola um die Pfannkuchenrouladen legen, mit restlicher Marinade begießen.

EW	F	KH	kcal/kJ
26 g	17 g	49 g	475/1988

Gemüseomelett

Zutaten
250 g weißer Spargel
4 Möhren
Salz
6 mittelgroße Champignons
100 g Zuckerschoten
30 g Butter
Pfeffer
1/2 Kästchen Kresse
8 Eier, getrennt,
20 g Sahne
Pfeffer
Currypulver
2 EL gemischte Kräuter, gehackt
1 Knoblauchzehe
30 g Butterschmalz

Zubereitung

1 Spargel und Möhren schälen und in Stücke schneiden. Spargel in Salzwasser etwa 8–10 Minuten garen.

2 Champignons und Zuckerschoten kurz waschen und putzen.

3 Butter in einer Pfanne erhitzen, alles Gemüse hineingeben, würzen und bei geringer Hitze ca. 5 Minuten schmoren, dabei die Pfanne mehrmals schwenken. Kresse untermischen.

4 Für die Omeletts Eigelb mit Sahne, Gewürzen, Kräutern und zerdrückter Knoblauchzehe verrühren. Das Eiweiß steif schlagen und unterheben.

5 In einer Pfanne nach und nach 4 Omeletts in heißem Butterschmalz backen und warm stellen.

6 Gemüse auf die Omeletts verteilen, diese je einmal überschlagen und servieren.

EW	F	KH	kcal/kJ
19 g	29 g	8 g	386/1617

Süße Mehl- und Eierspeisen

Crêpes mit karamellisierten Zimtpflaumen und Vanilleeis

(Abb. S. 87)

Zutaten
200 g Butter
2 Eier, 1/4 l Milch
6–7 EL Mehl
5 EL Zucker
Schale von 1/2 Zitrone (unbehandelt), abgerieben
1 Prise Salz
40 g Butterschmalz
500 g Pflaumen, entsteint, geviertelt
100 ml Weißwein
4 cl Pflaumengeist
1–2 Prisen Zimt
200 g Vanilleeis
4 Zweige frische Minze
1–2 TL Puderzucker

TIPP
Geben Sie gehobelte, geröstete Mandeln über die Crêpes.

Zubereitung

1 50 g Butter schmelzen, restliche Butter kalt stellen.

2 Eier in einer Schüssel mit Milch verrühren. Mehl und 2 EL Zucker nach und nach unterrühren, ohne dass Klümpchen entstehen. Zitronenschale, Salz und flüssige Butter unterrühren.

3 Etwas Butterschmalz in einer Pfanne erhitzen. Teig mit einer Kelle in die Pfanne gießen; Pfanne drehen, damit der Boden gleichmäßig dünn bedeckt ist. Von der anderen Seite ebenfalls goldbraun backen.

4 Restlichen Zucker schmelzen und karamellisieren. Pflaumen zugeben und mit Weißwein ablöschen, zugedeckt kurz aufkochen lassen, umrühren. Mit Pflaumengeist und Zimt abschmecken.

5 Gekühlte Butter in Würfel schneiden und unterrühren, damit die Sauce bindet. Pflaumen in die Crêpes füllen und rollen.

6 Mit Vanilleeis anrichten. Mit Minze garnieren und mit Puderzucker bestäuben.

EW	F	KH	kcal/kJ
10 g	60 g	44 g	765/3213

Reiche Ritter

Zutaten
4 Scheiben Weißbrot (vom Vortag)
3 EL Pflaumenmus
180 ml Milch
1 TL Zucker
1/2 Päckchen Vanillezucker, 2 Eier
Schale von 1/2 Zitrone (unbehandelt), abgerieben
1 Prise Salz
50 g Paniermehl
50 g Butter
Zucker und Zimt zum Bestreuen
Als Beilage Vanillesauce

Zubereitung

1 2 Weißbrotscheiben mit Pflaumenmus bestreichen und mit den restlichen 2 Scheiben belegen.

2 Milch mit Zucker, Vanillezucker, Eiern, Zitronenschale und Salz verquirlen. Doppeldeckerbrote durch die Eiermilch ziehen und vollsaugen lassen. Herausnehmen, in Paniermehl wenden und andrücken.

3 Butter in einer Pfanne erhitzen und »Reiche Ritter« darin von beiden seiten ca. 3 Minuten goldbraun und knusprig braten.

4 Dessert nach Belieben mit Zucker und Zimt bestreuen und warm servieren.

5 Dazu schmeckt eine Vanillesauce.

EW	F	KH	kcal/kJ
20 g	30 g	109 g	803/3372

Zutaten
500 g Erdbeeren
250 g Sauerkirschen
30 g Zucker
3 Päckchen Vanillinzucker
8 Eier
1 Prise Salz
3 TL Speisestärke
1 Päckchen Citro-back (Fertigprodukt)
60 g Butterschamlz
3–4 TL Puderzucker
einige Stiele Zitronenmelisse
als Beilage Vanillesauce

Schaumomeletts mit Früchten

Zubereitung

1 Für die Füllung Früchte waschen und abtropfen lassen. Erdbeeren je nach Größe halbieren oder in Stücke schneiden. Kirschen entsteinen. Früchte mit Zucker und 2 Päckchen Vanillinzucker bestreuen.

2 Für die Omeletts Eier trennen, Eiweiß mit Salz und restlichem Vanillinzucker steif schlagen. Eigelb zufügen und Speisetärke darüber sieben. Citro-back darüber streuen. Alles vorsichtig mit einem Schneebesen unterheben.

3 In einer beschichteten Pfanne portionsweise Butterschmalz erhitzen.

4 Bei geringer Hitze nacheinander 4 Omeletts bei geschlossenem Deckel von der unteren Seite goldgelb backen (die obere Seite sollte nur gestockt sein).

5 Omeletts im Backofen warm halten, bis alle fertig sind.

6 Omeletts mit den Früchten füllen, mit Puderzucker bestäuben und mit Zitronenmelisse verzieren.

7 Dazu schmeckt Vanillesauce.

EW	F	KH	kcal/kJ
17 g	29 g	40 g	499/2096

Zutaten

120 g Mehl
1 Ei
200 ml Milch
1 EL Butter, geschmolzen
80 g Butterschmalz
250 g Sahnequark
150 g Doppelrahmfrischkäse
80 g Puderzucker
Saft und Schale von 1/2 Zitrone (unbehandelt)
400 g Himbeeren
1 Schnapsglas Himbeergeist

Gefüllte Crêpes auf Himbeerschaum

Zubereitung

1 Mehl in eine Schüssel sieben, mit geschlagenem Ei, Milch und 100 ml Wasser verrühren, flüssige Butter hinzufügen.

2 In einer kleinen Pfanne etwas Butterschmalz erhitzen, wenig Teig hineingeben und so nacheinander 10–12 kleine, dünne Crêpes backen und aufeinander geschichtet warm stellen.

3 Quark, Frischkäse, Puderzucker, Zitronensaft und abgeriebene Zitronenschale glatt rühren.

4 Himbeeren mit Puderzucker bestreuen, ziehen lassen. Kurz erhitzen und passieren. Schaumig aufschlagen, mit Himbeergeist aromatisieren.

5 Pfannkuchen mit der Quarkcreme bestreichen, je 2 Seiten einklappen und Pfannkuchen aufrollen.

6 Crêpes auf Himbeerschaum anrichten, mit Puderzucker bestäuben und servieren.

EW	F	KH	kcal/kJ
19 g	44 g	57 g	714/2993

TIPP

Zu den Crêpes Aprikosen-, Brombeer-, Johannisbeer- oder Erdbeerschaum reichen.

Zutaten
400 ml Milch
6 Eier
30 g flüssiges Butterschmalz
abgeriebene Schale von 1/2 Zitrone (unbehandelt)
185 g Weizenmehl
4 Eigelb
130 g Zucker
Zimt
3 Birnen
Butterschmalz zum Backen
Zitronensaft

Birnenpfannkuchen (für 8 Stück)

Zubereitung

1 Für den Teig 200 ml Milch, Eier, Butterschmalz und Zitronenschale (etwas für später zurückbehalten) mit einem Schneebesen verrühren. 175 g Mehl dazusieben und unterrühren, dann 10 Minuten quellen lassen.

2 Für die Füllung Eigelb und 70 g Zucker schaumig schlagen, restliches Mehl hinzufügen. Übrige Milch aufkochen, unter Rühren zur Eicreme gießen. In einen Topf füllen, bei kleiner Hitze zu einer dicken Creme rühren. Mit Zimt und Zitronenschale abschmecken.

3 Birnen waschen, längs vierteln, Kernhaus entfernen. Viertel in dünne Scheiben schneiden, mit Zitronensaft beträufeln.

4 Restlichen Zucker in einer Pfanne langsam schmelzen, nicht umrühren. Sobald der Zucker anfängt zu bräunen, Birnen hineinlegen und bei kleiner Hitze ca. 5 Minuten dünsten, beiseite stellen.

5 In einer Pfanne in erhitztem Butterschmalz nacheinander 8 Pfannkuchen backen. Je 2 EL Creme auf die Pfannkuchen streichen, Birnen darüber geben.

6 Pfannkuchen zur Hälfte zusammenklappen, Seiten so übereinander legen, dass eine Tüte entsteht.

EW	F	KH	kcal/kJ
12 g	17 g	43 g	369/1550

TIPP
Karamellsauce dazureichen: 100 g Zucker schmelzen, mit 40 g Butter, 100 g Sahne und Rum ablöschen.

Zutaten
4 Eier
270 g Mehl
1/2 TL Salz
250 ml Milch
3 EL Butterschmalz
250 g Blaubeeren
250 g Himbeeren
75 g Puderzucker
Minzeblättchen zum Verzieren

Sommerliche Crêpes mit Beerenfrüchten

Zubereitung

1 Eier, Mehl, Salz und Milch mit einem Schneebesen verrühren. So viel Wasser nach und nach zugießen (ca. 250 ml), bis ein glatter, dünnflüssiger Teig entstanden ist. 30 Minuten zugedeckt quellen lassen.

2 Wenig Fett in einer beschichteten Pfanne erhitzen. Etwas Teig einfüllen und dabei die Pfanne so schwenken, dass der Pfannenboden gerade bedeckt ist.

3 Alle Crêpes beidseitig goldgelb backen. Aufeinander geschichtet im Ofen bei ca. 50 Grad warm halten.

4 Crêpes mit Beeren belegen und jeweils zu einer Tüte falten, mit Puderzucker bestäuben und mit Minze garnieren.

EW	F	KH	kcal/kJ
18 g	10 g	90 g	560/2350

Gefüllte Crêpes mit Ingwer-Kirschsauce

Zutaten
100 ml Mineralwasser
375 ml Milch
4 Eier
100 g Mehl
85 g Zucker
1 Prise Salz
Butterschmalz
60 g Sahne
25 g Vanille-Puddingpulver
2 Vanilleschoten, aufgeschnitten
2 Eigelb
Saft von 1 Orange
50 ml Kirschsaft
100 g Honig
1 Zimtstange
10 g Ingwer, fein geschnitten
400 g Schattenmorellen

Zubereitung
1 Mineralwasser mit 125 ml Milch und Eiern verquirlen.
2 Mehl, 20 g Zucker und Salz in eine Schüssel geben. Eiermilch kräftig unterrühren.
3 Etwas Butterschmalz in einer Pfanne erhitzen, Crêpes backen, warm halten.
4 Für die Creme 250 ml Milch und 50 g Sahne vermischen. 2 EL Flüssigkeit abnehmen und 15 g Puddingpulver darin anrühren. Sahnemilch mit restlichem Zucker und 1 Vanilleschote aufkochen.
5 Eigelb unter das Puddingpulver rühren, kochende Milch damit binden. Vanillecreme durchkochen. Creme in eine Schüssel geben, mit Folie abdecken.
6 Für die Kirschsauce Kirsch- und Orangensaft, Honig, 1 Vanilleschote und Gewürze aufkochen, 1 Stunde ziehen lassen. 2 EL Flüssigkeit abnehmen, 10 g Puddingpulver darin anrühren. Saftgemisch nochmals kurz aufkochen, mit Pudding binden.
7 Sauce durch ein feines Sieb passieren, heiß über entsteinte Kirschen geben.
8 Restliche Sahne schlagen und unter die Vanillecreme heben, warme Crêpes damit bestreichen und als Dreiecke falten.

EW	F	KH	kcal/kJ
17 g	36 g	88 g	775/3255

TIPP
Servieren Sie die Crêpes mit Vanilleeis oder Schlagsahne. Die Kirschsauce schmeckt mit einem Schuss Kirschschnaps besonders lecker.

Zutaten
2 Eier
3/4 Tasse Milch
1/2 Tasse Mehl
1 Prise Salz
Fett für die Pfanne
4 Kiwis
1 kleines Stück Passionsfrucht
200 g frische Früchte, gemischt (z. B. Äpfel, Erdbeeren und Weintrauben)
1 EL Honig

Crêpes mit Kiwi-Fruchtsalat

Zubereitung

1 Eier, Milch, Mehl und Salz zu einem Teig verrühren und ca. 2 Stunden kühl stellen.

2 Fett in einer Pfanne erhitzen, aus dem Teig nacheinander dünne Crêpes ausbacken.

3 Für den Fruchtsalat Kiwis und Passionsfrucht schälen und fein würfeln.

4 Gemischte Früchte vorbereiten und in mundgerechte Stücke schneiden. Früchte vermischen und mit Honig süßen.

5 Crêpes aufeinander legen und mit dem Kiwi-Fruchtsalat servieren.

EW	F	KH	kcal/kJ
10 g	6 g	54 g	328/1378

Zutaten
4 Eier
1/4 l Buttermilch
1/2 TL Salz
125 g Mehl
2 kleine Äpfel
50 g Butterschmalz
nach Belieben Zimtzucker zum Bestreuen

Apfelpfannkuchen

Zubereitung

1 Eier mit Buttermilch und Salz verquirlen, Mehl unterrühren.

2 Äpfel vom Kernhaus befreien und in dünne Scheiben schneiden.

3 Eine beschichtete Pfanne erhitzen, leicht mit Butterschmalz ausstreichen und eine knappe Schöpfkelle Teig hineingeben. Einige Apfelscheiben darauf verteilen, anbacken lassen und Pfannkuchen von der anderen Seite fertig backen. In gleicher Weise 6 Pfannkuchen backen.

4 Heiß servieren; nach Belieben Zimtzucker zum Bestreuen dazustellen.

EW	F	KH	kcal/kJ
10 g	6 g	54 g	328/1378

Register

Bild- und Textquellen

Titelbild: StockFood
Inhalt: 3 Glocken, Anness Publishing Limited, Bad Reichenhaller, Birkel, Biskin, Californische Mandeln, CMA, CMA Deutsche Butter, CMA Butterschmalz, Fissler, Ketchum GmbH, Kikkoman, Knorr, The Food Professionals Köhnen GmbH, Maggi Kochstudio, Maizena, Meggle, Steinbach PR, Uncle Ben's, Unilever Bestfoods Deutschland GmbH, Wirths PR, Zespri